AF617493

El Acantilado, 520
HISTORIA DE
LAS SENSIBILIDADES

ALAIN CORBIN
Y HERVÉ MAZUREL

HISTORIA DE LAS SENSIBILIDADES

TRADUCCIÓN DEL FRANCÉS
DE CARLOS LOSILLA

BARCELONA 2026  ACANTILADO

TÍTULO ORIGINAL *Histoire des sensibilités*

Publicado por
ACANTILADO
Quaderns Crema, S.A.

Muntaner, 462 - 08006 Barcelona
Tel. 934 144 906
correo@acantilado.es
www.acantilado.es

En la cubierta, *Cupido y Psique* (1808), de Antonio Canova

ISBN: 979-13-87964-29-0
DEPÓSITO LEGAL: B. 4648-2026

AIGUADEVIDRE *Gráfica*
QUADERNS CREMA *Composición*
LIBERDÚPLEX *Impresión y encuadernación*

PRIMERA EDICIÓN *marzo de 2026*

CONTENIDO

INTRODUCCIÓN
LA EXPLORACIÓN DE LO SENSIBLE
HERVÉ MAZUREL

Durante mucho tiempo la historia de las sensibilidades sólo preocupó a unos pocos pioneros. Por seductora que sea, la exploración histórica de la vida afectiva es incierta y difícil. Sin embargo, negarse a atenderla supone también obstaculizar ese viaje en el tiempo que es la historia.

El riesgo consiste en proyectarnos tal como somos hacia el pasado, identificando nuestros deseos, emociones, sentimientos y otros fantasmas con los de las personas de otras épocas. Creer que no han cambiado en todos estos siglos significa ignorar las diferencias temporales y la distancia cultural que separan el ayer del hoy. Pues la historia de las sensibilidades se dedica al estudio de las variaciones locales, sociales e históricas de las percepciones sensoriales, de lo que gusta y disgusta, tanto en lo que se refiere a la expresión de las emociones como a las formas de los afectos. Se esfuerza por reencontrar modalidades de sentir y experimentar, maneras de conmoverse e identificarse, así como modos ya desaparecidos hoy de estar presentes en el mundo. Sin todo eso, *in fine*, no seríamos capaces de describir las distintas formas de relacionarnos antaño con nosotros mismos, con los demás, con el mundo y con un hipotético más allá.

El otro peligro que nos acecha es atribuir inconscientemente a los actores históricos (a causa del racionalismo intelectual heredado en Occidente de una larguísima tradición de desvalorización tanto de los sentidos como de la emoción) una relación demasiado razonada y discursiva con aquel mundo en el que vivieron. Como escribe Norbert Elias:

Toda investigación que quiera entender la conciencia humana, su «ratio» o sus «ideas», sin considerar al mismo tiempo la estructura de los impulsos, la orientación y la configuración de los sentimientos y de las pasiones, sólo conseguirá resultados limitados.[1]

Al abordar con una mirada nueva la cuestión de las relaciones entre el cuerpo y el espíritu, así como la dualidad naturaleza/cultura, la historia permite realizar ricos desplazamientos en el interior de la articulación concreta de historias singulares y experiencias colectivas. Uno de los objetivos de este librito es mostrar, a través de algunos ejemplos históricos concretos, todo lo que este conocimiento *indicial* sobre las culturas sensibles y los regímenes afectivos de ayer y hoy puede aportar a la comprensión de las sociedades.

GENEALOGÍA(S)

Además, la genealogía de la historia de las sensibilidades resulta más rica y cambiante de lo que se piensa de ordinario.

En efecto, se acostumbra a identificar su nacimiento con el texto inaugural de Lucien Febvre, quien en 1941 invitó a hacer una historia de la «vida afectiva y sus manifestaciones»:

La sensibilidad de la historia: un nuevo tema. No conozco ningún libro que lo aborde. Tampoco veo que los múltiples problemas que plantea se hayan formulado en parte alguna. Y sin embargo

[1] Norbert Elias, *La dynamique de l'Occident* [1975], París, Calmann-Lévy, 2014, p. 254. [*El proceso de la civilización. Investigaciones sociogenéticas y psicogenéticas*, trad. Ramón García Cotarelo, Madrid, FCE, 1987, p. 494].

(perdonad tal veleidad de artista a este pobre historiador), he aquí un gran tema.

El ilustre historiador veía en esta historia de los afectos el arma más eficaz para luchar contra el anacronismo psicológico, «el peor de todos, el más insidioso, el más grave». Pues se abría así camino a una verdadera psicología histórica, tan necesaria: «Ya son muchos los que se rinden al desánimo: nada que descubrir, según parece, en estos mares demasiado procelosos. Pero si se sumergen en las tinieblas de la psicología enfrentándose a la historia, recuperarán el placer de la exploración».[1]

La llamada de Febvre, sin embargo, no obtuvo ningún eco inmediato. Aparte de Robert Mandrou, muy pocos se atrevieron a responder.[2] El paisaje de las décadas de 1950 y 1960 en Francia estaba dominado por la historia serial y cuantitativa. En la estela de Fernand Braudel y Ernest Labrousse, era el momento de las grandes investigaciones colectivas sobre historia social y económica, y de la afirmación del carácter científico de una disciplina entonces preocupada por su preeminencia y el auge de otras ciencias sociales, con la antropología estructural a la cabeza.

El proyecto, finalmente, se materializó a la sombra de la historia de las mentalidades, sin hacer mucho ruido, so-

[1] Para las dos citas, véase Lucien Febvre, «La sensibilité et l'histoire. Comment reconstituer la vie affective d'autrefois?», en: *Combats pour l'histoire*, París, Armand Colin, 1992, pp. 231 y 238. [Existe traducción parcial en español: *Combates por la historia*, trad. Francisco Fernández Buey y Enrique Argullol, Barcelona, Ariel, 1970].

[2] Robert Mandrou, *Introduction à la France moderne, 1500-1640, Essai de psychologie historique*, París, Albin Michel, 1961. [Existe traducción en español: *Introducción a la Francia moderna (1500-1640). Ensayo de psicología histórica*, trad. Leonor de Paiz, Ciudad de México, Unión Tipográfica Editorial Hispano Americana (UTEHA), 1962].

bre todo tras los pasos de Philippe Ariès, Georges Duby, Jacques Le Goff, Alphonse Dupront, Jean Delumeau, Jean-Paul Aron e incluso Jean-Louis Flandrin. Esforzándose por restablecer la atmósfera mental de otras épocas, todos ellos contribuyeron, a su manera, a inscribir los hechos sensibles en la deriva histórica. El advenimiento de una historia del cuerpo, en el curso de la década de 1970, también desempeñó un papel decisivo. Basta recordar la gran influencia que ejerció Michel Foucault en la generación siguiente, sobre todo con *Vigilar y castigar* (1975).

El primer nombre que nos viene a la cabeza es el de Arlette Farge. Al examinar los escasos testimonios de las gentes humildes del pasado, la historiadora siempre se negó a considerar que la emoción que le provocaba el contacto con los archivos fuera un obstáculo. Por el contrario, supo convertir esa conmoción en una fuerza para comprender y recuperar la experiencia viva de los actores del pasado.[1] De ahí su capacidad sin igual de reconstruir los tormentos y efusiones de los mundos populares del siglo XVIII.[2] Recordemos igualmente la trayectoria de Georges Vigarello, que, a partir de sus trabajos sobre el afán de corregir el cuerpo, no sólo se dedicó a describir la afirmación del sentimiento de sí a partir de la historia de los sentidos internos y la percepción del cuerpo, sino también a rastrear, a lo largo de la historia de las emociones, la lenta construcción del espacio psíquico en la conciencia occidental.[3]

[1] Véase Françoise Waquet, *Une histoire émotionnelle du savoir. XVIIe-XXIe siècle*, París, CNRS Éditions, 2019.

[2] Arlette Farge, *Effusions et tourments, les récits des corps. Une histoire du peuple au XVIIIe siècle*, París, Odile Jacob, 2007. [Existe traducción en español: *Efusión y tormento. El relato de los cuerpos*, trad. Julia Baci, Katz, Madrid, 2008].

[3] Georges Vigarello, *Le sentiment de soi. Histoire de la perception du*

El impulso decisivo vino, no obstante, de Alain Corbin, que a inicios de la década de 1990 volvió a plantear un proyecto explícito de historia de las sensibilidades. Recurriendo también a la antropología y a la psicología, desentrañó sistemáticamente, libro tras libro, la historicidad de los sistemas de percepciones, emociones y opiniones. Infatigable explorador, trazó asimismo un vasto espacio de investigaciones relativas a la génesis histórica de nuestro mundo sensible y las evoluciones pluriseculares de la configuración de lo deseado y lo rechazado, de lo atractivo y lo repulsivo, de lo agradable y lo desagradable, de lo tolerable y lo intolerable.[1]

No olvidemos, sin embargo, los grandes avances historiográficos de la poderosa sociología histórica de los afectos desplegada por Norbert Elias en *El proceso de la civilización* (1939), un libro que debió esperar a la década de 1970 para ser justamente leído y celebrado.[2] En este proyecto contemporáneo al de Febvre ya puede encontrarse una especie de genealogía oculta de la historia de las sensibilidades.

En el proyecto de Elias aflora toda una tradición en lengua germánica sobre la que Febvre, que escribió durante la ocupación de Francia, no se extendió. Este último nunca disimuló su deuda con el famoso libro de Johann Huizinga

---

corps, París, Seuil, 2014. [Existe traducción en español: *El sentimiento de sí. Historia de la percepción del cuerpo*, trad. Luis Alfonso Palau, Universidad Nacional de Colombia, 2017].

[1] Alain Corbin, «"Le vertige des foisonnements". Esquisse panoramique d'une histoire sans nom», *Revue d'histoire moderne et contemporaine*, vol. 39, n.º 1, enero-marzo de 1992, pp. 103-126.

[2] Norbert Elias, *Über den Prozess der Zivilisation* [1939], Fráncfort del Meno, Suhrkamp, 2010. [Existe traducción en español: *El proceso de la civilización. Investigaciones sociogenéticas y psicogenéticas*, trad. Ramón García Cotarelo, Madrid, Fondo de Cultura Económica, 1987].

El otoño de la Edad Media (1919), que describía el alma violenta y apasionada de los siglos XIV y XV, y realizaba el retrato de una época de gran inestabilidad emocional (*La sociedad feudal*, de Marc Bloch, también se hacía eco de ella). En el texto de Huizinga, tanto Elias como Febvre encontraron una lectura de la historia de Occidente en términos de lenta racionalización de los comportamientos y creciente dominio de las emociones espontáneas. Febvre, además, fue más allá de la figura de Jakob Burckhardt, que vio en la historia una «ciencia del *pathos*» y describió el desarrollo del individuo en la Italia del Renacimiento recurriendo al estudio del deseo, la ambición, la cólera o el amor. Paralelamente a su maestro de Basilea, el propio Nietzsche, en 1886, interpelaba a los historiadores en *La gaya ciencia*: «Hasta ahora todo lo que ha proporcionado color a la existencia no ha tenido historia. ¿Dónde se encontraría una historia del amor, de la avaricia, de la envidia, de la conciencia moral, de la piedad, de la crueldad?».[1]

Es más: ¿acaso la emergencia de la historia de las sensibilidades habría sido posible sin ese desplazamiento filosófico mayor encarnado, en el curso del siglo XIX, por la tríada de maestros de la sospecha que forman Nietzsche, Marx y Freud? Fueron ellos quienes otorgaron dignidad filosófica al cuerpo sensible y luego nos enseñaron a buscar qué había detrás de lo racional, lo intemporal o lo universal, así como el papel histórico de los deseos, las pulsiones y los apetitos, el rol social de las emociones, los intereses y otras pasiones.[2]

[1] Friedrich Nietzsche, *La ciencia jovial*, §7, trad. Germán Cano, en: *El nacimiento de la tragedia; El caminante y su sombra; La ciencia jovial*, Madrid, Gredos, 2014, p. 341. (*N. del T.*).

[2] Hervé Mazurel, «De la psychologie des profondeurs à l'histoire des sensibilités. Une généalogie intellectuelle», *Vingtième siècle. Revue d'histoire*, n.º 123, 2014, pp. 22-38.

En Alemania, en el transcurso de cincuenta años, toda una constelación intelectual, bajo la conmoción de esta cultura filosófica, se esforzó en pensar la cuestión de la afectividad en las fronteras de la psicología, la sociología y la historia. Destaquemos, de entre esta rica constelación de pensadores, a Georg Simmel y la «sociología de los sentidos»; Max Weber y el concepto de «racionalidad afectiva»; Walter Benjamin y la «pérdida del aura de las obras de arte» en la era de la reproductibilidad técnica; Siegfried Kracauer y su búsqueda del *extrañamiento* al confrontar el pasado... Y, por supuesto, Aby Warburg, que, como psicohistoriador de la cultura, atento a las *Pathosformeln* ('fórmulas del *pathos*'), supo esbozar «una gran historia de las pasiones a través de esos vehículos polimorfos que son los gestos y las imágenes».[1]

La historia de las sensibilidades, por lo tanto, tiene su origen en algunas herencias intelectuales más variadas y antiguas de lo que se suele reconocer, todas ellas consagradas a reevaluar el papel de los afectos en la determinación de las conductas individuales y el funcionamiento de las sociedades.

SENTIDOS, EMOCIONES, SENTIMIENTOS Y PASIONES

Esta historia abraza un abanico que va del estudio histórico de los sentidos, las percepciones y las emociones hasta el de los sentimientos y las pasiones, esas formas de la sen-

[1] Georges Didi-Huberman, «Histoire et sensibilité: trois généalogies», *Sensibilités. Histoire, critique et sciences sociales*, n.º 11: «Insensibilités», enero de 2023, pp. 142-149.

sibilidad consideradas superiores. Hace algunas décadas, todavía eran pocos los que sospechaban que nuestros cinco sentidos se encuentran bajo la huella de la historia, aunque el joven Marx vio en ellos, con razón, el producto de toda la historia pasada.[1] Hoy en día, no hay ninguna duda: nuestros universos sensoriales varían según las épocas, los lugares y los medios. De ahí surge, para los historiadores e historiadoras, el esbozo de un inmenso campo de registros dispuestos a trazar la evolución histórica de las maneras de ver, escuchar, palpar, oler, degustar. Ésta es la única travesía que nos permitirá, además, describir «la configuración de lo que se ha experimentado y lo que no en una sociedad y una época determinadas».[2]

Lejos de permanecer pasivos, nuestros sentidos reaccionan como filtros que tamizan el incesante caos de los *stimuli* sensoriales y el flujo de las impresiones fugitivas procedentes del exterior,[3] de manera que la sensación queda absorbida por la percepción.[4] «Lo que los hombres perciben no es lo real, sino ya un mundo de significados», concluye David Le Breton.[5] Nuestras percepciones, modeladas des-

[1] Karl Marx, *Manuscrits de 1844*, París, Éditions Sociales, 1972, p. 91. [Existe traducción en español: *Manuscritos de economía y filosofía*, trad. Francisco Rubio Llorente, Madrid, Alianza, 2013].

[2] Alain Corbin, «Histoire et anthropologie sensorielle», en: *Le temps, le désir et l'horreur. Essais sur le XIX*[e] *siècle*, París, Flammarion, 1998, p. 228.

[3] Véase, sobre todo, Hervé Mazurel, *Kaspar l'obscur ou l'enfant de la nuit. Essai d'histoire abyssale et d'anthropologie sensible*, París, La Découverte, 2020.

[4] Christophe Granger, «Le monde comme perception», *Vingtième siècle. Revue d'histoire*, n.º 123, 2014, pp. 3-20.

[5] David Le Breton, *La Saveur du monde. Une anthropologie des sens*, París, Métailié, 2006. [*El sabor del mundo. Una antropología de los sentidos*, trad. Heber Cardoso, Buenos Aires, Nueva Visión, 2007, p. 22].

de las primeras épocas de socialización, refinadas a lo largo de la vida y en estrecha colaboración con las posibilidades de la lengua, son el producto de una historia común. De ahí que, de una época, de una cultura o de un medio a otro, los seres humanos habiten mundos sensoriales diferentes.[1] Sólo un gran esfuerzo de inmersión e imaginación, nos advierte Alain Corbin en la entrevista que reproducimos en este libro, permite reconstruirlos.

Con este fin, se impone, para empezar, seguir la evolución de la jerarquía de los sentidos. Hemos intentado, por ejemplo, representarnos esas épocas de la historia europea en las que la vista aún no se había convertido en el eje privilegiado de nuestra relación con el mundo. Los hombres del Renacimiento, según Febvre, mantenían con el mundo una relación muy estrecha en la que intervenían la totalidad de los sentidos: podríamos llamarla sinestésica.[2] También se transforma, de esta manera, el equilibrio entre los sentidos a medida que evolucionan las intensidades térmicas, lumínicas, cromáticas, olfativas o acústicas. Anouchka Vasak examina en este libro la sorda influencia que ejercieron los meteoros en la conciencia íntima durante la Ilustración y el Romanticismo. Podemos pensar también en cómo la popularización de la iluminación de gas en las ciudades durante el siglo XIX cambió tanto el modo de enfrentarse a la vida nocturna, que se volvió

[1] Constance Classen, *Worlds of Sense. Exploring the Senses in History and Across Cultures*, Londres, Routledge, 1993; David Howes, *Sensual Relations. Engaging the Senses in Cultural and Social Theory*, Ann Arbor, University of Michigan Press, 2003.

[2] Lucien Febvre, *Le problème de l'incroyance au* XVIe *siècle. La religion de Rabelais* [1942], París, Albin Michel, 1988, p. 394. [Existe traducción en español: *El problema de la incredulidad en el siglo* XVI. *La religión de Rabelais*, trad. Isabel Balsinde, Madrid, Akal, 1993].

menos angustiosa, como los usos sociales de las famosas «doce horas negras».[1]

Tan sutiles como estos descubrimientos son los relativos a las modalidades cambiantes de la atención a los mensajes sensoriales. El advenimiento de la cultura de masas, por ejemplo, reorganizó, a partir de la década de 1860, las «técnicas de observación» relativas al desciframiento del espectáculo del mundo y a los umbrales de atención y desatención respecto a las cosas.[2] Ya en los albores del siglo XX, Georg Simmel reconoció el brusco cambio del paisaje sonoro que acompañó al éxodo rural y a la metropolización de las sociedades europeas. El aumento de los sonidos industriales, las reiteradas agresiones sonoras, la creciente desatención a los sonidos de las campanas, la disminución de los ruidos habituales de animales y herramientas tradicionales, pero también de los pasos y las voces, afectó profundamente a la economía sensorial y la existencia psíquica de los ciudadanos.[3]

Hay que añadir, en fin, el inmenso campo de exploración de los umbrales de tolerancia de los actores sociales. Es bien conocida, a este respecto, la extrema importancia de la historia de la higiene, de las ansiedades relativas a los miasmas y los desechos, de las representaciones de lo limpio y lo sucio.[4] Pensemos igualmente en la larga histo-

[1] Simone Delattre, *Les douze heures noires. La nuit à Paris au XIXe siècle*, París, Albin Michel, 2000.

[2] Jonathan Crary, *Techniques de l'observateur. Vision et modernité au XIXe siècle* [1998], París, Éditions du dehors, 2016. [Existe traducción en español: *Las técnicas del observador. Visión y modernidad en el siglo XIX*, trad. Fernando López García, Murcia, Cendeac, 2008].

[3] Georg Simmel, *La sociologie des sens* [1912], París, Payot, 2013. [Existe traducción en español: «Digresión sobre la sociología de los sentidos», en: *Sociología*, trad. José Pérez Bances, Ciudad de México, FCE, 2015].

[4] Georges Vigarello, *Le propre et le sale. L'hygiène du corps depuis le*

ria de la «civilización de los olores»,[1] en la creciente obsesión por la desodorización de los cuerpos y el refinamiento de los perfumes, en el lento advenimiento del silencio olfativo reinante hoy en las ciudades.[2] Igual de vasta es la historia de los umbrales de tolerancia a la violencia y su conversión en espectáculo, así como al derramamiento de sangre humana o animal. Del suplicio público del regicida Damiens en 1757 a la abolición de la pena de muerte en Francia en 1981 se extiende toda una historia sensible de las ejecuciones que, en la actualidad, ya se ha escrito.[3] Lo mismo ocurre con otra historia que examina la evolución de las prácticas de caza o la matanza de animales en los mataderos para rastrear el aumento de la intolerancia al sufrimiento animal.[4]

De Simmel a Corbin se ha subrayado el papel decisivo que desempeñan la vista, el oído, el olfato o el tacto en las interacciones sociales ordinarias y en el «control de las impresiones provocadas en los demás» (Erving Goffman). Nuestros sentidos participan en el modo en que se desci-

---

Moyen Âge, París, Seuil, 1985. [Existe traducción en español: *Lo limpio y lo sucio. La higiene del cuerpo desde la Edad Media*, trad. Rosendo Ferrán, Madrid, Alianza, 1985].

[1] Robert Muchembled, *La civilisation des odeurs*, París, Les Belles Lettres, 2017.

[2] Alain Corbin, *Le miasme et la jonquille. L'odorat et l'imaginaire social,* XVIII*e*-XIX*e* *siècle*, París, Flammarion, 1986. [Existe traducción en español: *El perfume o el miasma. El olfato y lo imaginario social, siglos* XVIII *y* XIX, trad. Carlota Vallée Lazo, Ciudad de México, FCE, 2022].

[3] Anne Carol, *Au pied de l'échafaud. Une histoire sensible de l'exécution*, París, Belin, 2017; Emmanuel Taïeb, *La guillotine au secret. Les exécutions publiques en France, 1870-1939*, París, Belin, 2001.

[4] Christophe Traïni, *La cause animale, 1820-1980. Essai de sociologie historique*, París, Puf, 2011; Charles Stepanoff, *L'animal et la mort. Chasses, modernité et crise du sauvage*, París, La Découverte, 2021.

fra, perfila y clasifica el mundo social. En la Francia del siglo XIX, por ejemplo, existía una voluntad de distinción social en el uso privilegiado de los sentidos llamados «nobles» (la vista y el oído)—en tanto sentidos de la distancia respecto al cuerpo de los demás y a la materialidad del mundo—, mientras que el recurso a los sentidos llamados «de proximidad» (oler, tocar) delataba un origen popular. Los gustos y los rechazos también forman parte de estrategias sociales de distinción.[1] De ahí la necesidad de pensar conjuntamente la construcción social de lo sensible y la construcción sensible de lo social.

Consideremos por un momento las culturas visuales. Como recordaba Michael Baxandall, reencontrarse con el «ojo del Quattrocento» supone «refrescar el nuestro» y redescubrir «las disposiciones visuales del tiempo».[2] Antes, Erwin Panofsky ya lo había señalado al demostrar que la perspectiva no es un hecho natural, sino una forma simbólica. Es decir, el modelo visual de la época moderna: cierta manera de captar lo real a través de un dispositivo de simulación capaz de replicar el espacio en tres dimensiones sobre la superficie del lienzo.[3] Cuando Michel Pastoureau descubrió que en el Medioevo el azul era un color cálido o que la asociación entre el rojo y el verde se veía como poco contrastada, también estaba afirmando que el color, más allá de un fenómeno físico y perceptivo, era asimismo un

[1] Pierre Bourdieu, *La distinction. Critique sociale du jugement*, París, Les Éditions de Minuit, 1979. [Existe traducción en español: *La distinción*, trad. María del Carmen Ruiz de Elvira, Madrid, Taurus, 2012].

[2] Michael Baxandall, *L'œil du Quattrocento*, París, Gallimard, 1985.

[3] Erwin Panofsky, *La perspective comme forme symbolique et autres essais* [1932], París, Les Éditions de Minuit, 1976. [Existe traducción en español: *La perspectiva como forma simbólica*, trad. Virginia Careaga, Barcelona, Tusquets, 1973].

hecho social.[1] Por lo tanto, no existe una verdad transhistórica y transcultural acerca del color.

De los modos de percepción se puede pasar al teatro de las emociones. Se cree que son naturales, universales e invariables: ¿o acaso Darwin no subrayó la manifiesta continuidad de la expresión de las emociones en los animales y las personas? Provocarían así respuestas innatas y naturales, fijadas por el organismo. Pero ello supone olvidar que las emociones humanas no son espontáneas, sino ritualmente organizadas, contagiosas y, por lo tanto, sociales por naturaleza; son «esencialmente una simbología» (Marcel Mauss) y por ello «artefactos culturales» (Clifford Geertz). De ahí que ciertas emociones hayan desaparecido en el curso del tiempo, mientras que otras han emergido históricamente.[2] Igualmente, podemos cultivar ciertas emociones que nos son desconocidas.[3] Decir esto no significa separar nuestra vida psicoafectiva de las propiedades antropológicas relacionadas con nuestro soporte biológico (sobre todo del «cerebro de las emociones»), sino oponerse a los defensores de lo natural que ignoran los contextos sociohistóricos en los que se expresa y significa.

Es posible advertir la gran cantidad de trabajo histórico que aún tenemos por delante: explorar todo el repertorio cultural de gestos emotivos—más allá de la variedad del lenguaje que los designa—y conductas afectivas según las épo-

[1] Michel Pastoureau, *Une histoire symbolique du Moyen Âge occidental*, París, Seuil, 2004. [Existe traducción en español: *Una historia simbólica de la Edad Media occidental*, trad. Julia Bucci, Buenos Aires, Katz, 2006].

[2] Alain Corbin, Jean-Jacques Courtine y Georges Vigarello (ed.), *Histoire des émotions*, 3 vols, París, Seuil, 2017.

[3] Vinciane Despret, *Ces émotions qui nous fabriquent. Ethnopsychologie de l'authenticité* [2001], París, Seuil, 2022.

cas, las sociedades, los medios y los géneros. Se trata de un enfoque que ilustra a la perfección la especialista en temas de la Antigüedad Sarah Rey cuando se refiere al «régimen romano del llanto» (véase la p. 43), tan extraño para nosotros.

Sin embargo, entre la *history of emotions* anglosajona y la historia de las sensibilidades francesa—sin olvidar las investigaciones que se llevan a cabo en el Instituto Max Planck de Berlín sobre las emociones del pasado—, los estudios son muy distintos, y los desacuerdos unas veces profundos y otras marcados por simples diferencias de acento. Igualmente, en cada país puede constatarse cierta variedad de aproximaciones, como sucede en Estados Unidos. Además de precursores como Peter Gay y Theodore Zeldin, cabe destacar el trabajo de Peter y Carole Stearns, bautizado como *emotionology*, que hace hincapié en el desplazamiento histórico de las normas emocionales en el seno de una sociedad. A partir de un profundo conocimiento de la psicología y la antropología de las emociones, William Reddy aborda el lenguaje de las mismas en términos performativos, mientras que la etnohistoriadora Monique Scheer, inspirándose en la sociología del *habitus* (Bourdieu), propone el concepto de «prácticas emocionales» y rechaza toda forma de dualismo cuerpo/espíritu. La medievalista Barbara Rosenwein, por su parte, ha forjado el concepto de «comunidades emocionales» para demostrar de qué modo los diferentes estilos de relaciones afectivas cohabitan en el seno de una misma sociedad y se superponen a las comunidades sociales (familia, corporaciones, monasterios, parlamentos...).[1]

[1] Jan Plamper, «The History of Emotions: an Interview with William Reddy, Barbara Rosenwein, Peter Stearns», *History and Theory*, vol. 49, n.º 2, 2010, pp. 237-265.

Atento a este pluralismo y a la evolución del lenguaje medieval de la emoción, Damien Boquet y Piroska Nagy abjuran del mito de la Edad Media impulsiva, hipersensible y emotiva, y nos enseñan a verla como una «edad de la razón», pues la razón es afectiva y el afecto razonable. Oponiéndose al legado de la tradición, ambos estiman necesario desconfiar de una concepción demasiado etnocéntrica de la emoción entendida «como fuerza salvaje, sometida al trabajo civilizador de la cultura y la historia».[1] Tal desplazamiento, aun siendo necesario, no debe hacernos perder de vista los poderosos efectos reales, y por lo tanto históricos, de esa lucha a través de los siglos, ya que ni la Antigüedad ni la Edad Media occidental escaparon en absoluto a la devaluación de lo sensible en favor de lo inteligible, ni al reiterado llamamiento a someter las «emociones» al gobierno de la «razón». Partiendo de los hallazgos de la psicología cognitiva sobre el carácter inseparable de emoción y cognición William Reddy se pregunta si la razón (en el sentido de 'ser razonable') no es más que una emoción de control que ha logrado afirmar históricamente su dominio.[2]

Describir como historiador las metamorfosis de nuestra vida emocional implica, a nuestro parecer, integrarlas en la larga historia de la represión, en lo más profundo de los seres, de las pulsiones (principalmente sexuales y agresivas), tanto en las revoluciones de nuestros hábitos corporales—que han provocado desplazamientos subterráneos de los deseos, las prohibiciones y los tabús sociales en el

[1] Damien Boquet y Piroska Nagy, *Sensible Moyen Âge. Une histoire des émotions dans l'Occident médiéval*, París, Seuil, 2015.

[2] William Reddy, «L'incontournable intentionnalité des affects. L'histoire des émotions et les neurosciences actuelles», *Sensibilités. Histoire, critique et sciences sociales*, n.º 5, noviembre de 2018, pp. 84-96.

curso de los siglos—[1] como en las alteraciones de los umbrales de los pudores y las fronteras de lo íntimo.[2] Esto enlaza con las enseñanzas de Norbert Elias: nuestras economías afectivas y estructuras psíquicas se transforman en estrecha conexión con las mutaciones de las estructuras sociales y políticas.[3] Nuestra vida emocional se inscribe en procesos sociohistóricos de larga duración, sean de civilización, privatización, individualización o incluso, como ha dicho Cas Wouters, de «informalización de las conductas» tras las décadas de 1960 y 1970.[4]

Entre otras transformaciones, también conviene tener en cuenta las que actualmente acompañan en Occidente a la nueva era compasiva inaugurada por las redes sociales y el incesante aluvión mediático contemporáneo propio de nuestra época, que también asiste al florecimiento de un «capitalismo emocional»[5] capaz de transformar en mercancías incluso las propias pasiones, sin olvidar la emergencia, en un contexto de auge de los populismos, de formas de gobierno basadas en las emociones.[6]

[1] Hervé Mazurel, *L'inconscient ou l'oubli de l'histoire. Profondeurs, métamorphoses et révolutions de la vie affective*, París, La Découverte, 2021.

[2] Cas Wouters, *Informalization. Manners and Emotions since 1890*, Londres, Sage, 2007.

[3] Norbert Elias, *Au-delà de Freud. Sociologie, psychologie, psychanalyse*, París, La Découverte, 2011.

[4] Wouters, *Informalization*, *op. cit.*

[5] Eva Illouz, *Les sentiments du capitalisme*, París, Seuil, 2006. [Existe traducción en español: *Intimidades congeladas. Las emociones en el capitalismo*, trad. Joaquín Ibarburu, Buenos Aires, Katz, 2007].

[6] Philippe Braud, *L'émotion en politique*, París, Presses de Sciences Po, 1996; Frédéric Lordon, *Les affects de la politique*, París, Seuil, 2016 [existe traducción en español: *Los afectos de la política*, trad. Julien Canavera y Juan Manuel Aragüés, Prensas de la Universidad de Zaragoza, 2018]; Ludivine Bantigny, Déborah Cohen y Boris Gobille (ed.), «La

De hecho, los modos de presencia en los acontecimientos y en la política son los que mejor permiten distinguir una emoción de un sentimiento. Hablamos de *emoción* para describir la efervescencia de una manifestación, la repentina aparición de barricadas, la agitación de las multitudes ante un presidente o en los funerales públicos,[1] mientras que reservamos el término *sentimiento* para la lógica del apego a figuras, causas y partidos políticos o a comunidades nacionales o religiosas. Mientras que la emoción evoca algo breve, intenso y espontáneo, el sentimiento parece más perdurable y también más discursivo.

Ya se trate de estudiar el vigor del sentimiento patriótico o las alianzas sagradas en tiempos de guerra, las formas que toma el duelo de los soldados o el fervor religioso, los sentimientos de hostilidad y odio entre los ejércitos confrontados antes, durante y después del conflicto, existe toda una historiografía que se ha dedicado, desde hace treinta años, a describir la dinámica de los afectos colectivos en la guerra, bajo el tenaz impulso de George L. Mosse, Stéphane Audoin-Rouzeau, Annette Becker o Bruno Cabanes.[2] El artículo que Clémentine Vidal-Naquet consagra aquí a la historia del lazo conyugal y el sentimiento amoroso durante la

---

chair du politique», *Sensibilités. Histoire, critique et sciences sociales*, n.º 7, agosto de 2020.

[1] Emmanuel Fureix, *La France des larmes. Deuils politiques à l'âge du romantisme, 1814-1840*, Seyssel, Champ Vallon, 2009; Nicolas Mariot, *Bains de foule. Les Voyages présidentiels en province, 1888-2002*, París, Belin, 2006.

[2] Entre otros, véanse Stéphane Audoin-Rouzeau y Annette Becker, *14-18. Retrouver la guerre*, París, Gallimard, 2000; Bruno Cabanes, *La victoire endeuillée. La sortie de guerre des soldats français (1918-1920)*, París, Seuil, 2004; George L. Mosse, *De la Grande Guerre au totalitarisme. La brutalisation des sociétés européennes*, trad. Édith Magyar, París, Hachette, 2003.

Primera Guerra Mundial muestra lo que una historia de lo íntimo puede aportar a la antropología histórica de la guerra moderna, un tipo de historia que también trata de comprender mejor la experiencia sensorial de los combatientes en el teatro de operaciones, así como de restituir las emociones que invaden a soldados y civiles, de manera a menudo paroxística, por la violencia contemplada, recibida o infligida, fuente de traumas psíquicos de larga duración.[1]

Igualmente rica, como señaló Pierre Laborie, se revela la aportación de la historia de las sensibilidades para el estudio de las opiniones.[2] Tanto si se trata de describir formas de apatía, aletargamiento o indiferencia culpable—lo que Anne Vincent-Buffault llama el «eclipse de la sensibilidad»—o, por el contrario, movimientos de compasión, solidaridad e indignación ante la suerte que corren ciertos grupos o pueblos enfrentados a un acontecimiento trágico, próximo o lejano (guerra civil o entre Estados, masacres colectivas, genocidios, catástrofes naturales), lo que importa en todos los casos es resituar estas reacciones afectivas (sobre todo de piedad) en la larga historia del «sufrimiento a distancia» (Luc Boltanski), que en parte aún está por escribir y tiene que ver con las mutaciones sociohistóricas de las fronteras del espacio moral y los contornos políticos de lo inaceptable. El auge actual de la categoría de «víctima» en la escena mundial y el advenimiento del «imperio del trauma» participan sin duda de estos nuevos niveles de las sensibilidades.[3]

[1] Stéphane Audoin-Rouzeau, *Combattre. Une anthropologie historique de la guerre moderne (XIXe-XXIe siècles)*, París, Seuil, 2008; Christian Ingrao, *Le soleil noir du paroxysme. Nazisme, violence de guerre, temps présent*, París, Odile Jacob, 2019.

[2] Pierre Laborie, *L'opinion française sous Vichy*, París, Seuil, 1990.

[3] Luc Boltanski, *La Souffrance à distance. Morale humanitaire, médias et politique*, París, Métailié, 1993; Didier Fassin y Patrice Bourde-

Dedicarse a la historia de los afectos supone también aprender a observar en la psique de una parte de la historia colectiva. Un ejemplo podría ser el lento declive actual del papel moral antes reservado a la culpabilidad en nuestras economías psíquicas, marcado por la decadencia del cristianismo. En nuestros días la culpabilidad, según explica Pierre-Henri Castel, ha dado paso a la angustia, a la depresión y todavía más a la vergüenza, provocando en Europa una profunda alteración de la textura misma de nuestras vivencias psicopatológicas.[1] Quien desee reencontrarse con los conflictos interiores y las «neurosis» de tiempos pasados debe permanecer en guardia frente a los equívocos de la continuidad. En *L'Encre de la mélancolie*, Jean Starobinski demuestra que los estados designados, ya desde los griegos, con el nombre de *melancolía* son muy diversos. Igualmente, como explica Thomas Dodman, a principios del siglo XIX la *nostalgia* designaba una especie de «mal de país» por la muerte de cientos de soldados en las guerras napoleónicas o la conquista de Argelia.[2] Ute Frevert ha sabido mostrar que la acedía medieval, la melancolía moderna y la depresión contemporánea, pese a presentar síntomas parecidos, constituyen patologías distintas, inseparables de un contexto sociohistórico específico.[3]

---

lais (ed.), *Les constructions de l'intolérable. Études d'anthropologie et d'histoire sur les frontières de l'espace moral*, París, La Découverte, 2005; Didier Fassin y Richard Rechtman, *L'empire du traumatisme. Enquête sur la condition de victime*, París, Flammarion, 2011.

[1] Pierre-Henri Castel, «Des "âmes scrupuleuses" à "la fin des coupables": obsessions et compulsions dans l'histoire», PSN, vol. 11, n.º 1, 2013, pp. 25-38.

[2] Thomas Dodman, *What Nostalgia Was. War, Empire and Time of a Deadly Emotion*, Chicago, Chicago University Press, 2018.

[3] Ute Frevert, *Emotions in History - Lost and Found*, Budapest-Nueva York, Central European University Press, 2011.

La historia de lo sensible reclama a la historia, la sociología, la antropología, la psicología y el psicoanálisis que no se queden encerrados en el interior de sus fronteras, de manera que sea posible ir más allá de ciertos enfrentamientos que dificultan la investigación contemporánea, en particular la oposición razón/emoción.[1] Para evitar las trampas del dualismo y el pensamiento disyuntivo, intenta entender la tríada cuerpo-afecto-psique como un *continuum*. En su empeño por enlazar mejor lo psicoafectivo con lo sociohistórico, se enfrenta también a la oposición tradicional entre «sociedad» e «individuo». Además, demuestra que los individuos, en el curso de su socialización—en el marco familiar, escolar, religioso, etcétera—, absorben el mundo social en forma de afectos socialmente constituidos (mandatos, prescripciones, condenas…).[2] Y se esfuerza, en fin, por pensar la vida emocional «más allá de la naturaleza y la cultura», demostrando que, en ese punto, lo biológico y lo social están constantemente entrelazados. De ahí la importancia que otorgamos, junto con Thomas Dodman y Quentin Deluermoz, al complicado diálogo entre neurociencia afectiva e historia de las emociones.

Lejos de constituir un campo de estudio aparte, la investigación sobre las sensibilidades abre otra vía de acceso a lo social, lo cultural, lo político, lo religioso, lo económico… Ni una sola de nuestras existencias, ni siquiera la de *homo*

[1] Sobre este aspecto, véase Quentin Deluermoz y Hervé Mazurel, «L'histoire des sensibilités: un territoire-limite?», *Critical Hermeneutics*, vol. 3, n.º 1, 2019, pp. 125-170.

[2] Pierre Bourdieu, *Méditations pascaliennes*, París, Seuil, 2003, p. 204. [Existe traducción en español: *Meditaciones pascalianas*, trad. Thomas Kauf, Barcelona, Anagrama, 1999].

oeconomicus, le resulta ajena. Como recuerda Georges Didi-Huberman, las emociones transforman la estructura de todo lo que tiene que ver con ellas. A la inversa, muchos son los factores que participan en la evolución de las culturas sensibles y los regímenes afectivos: no sólo las mutaciones que afectan a los sistemas de creencias y las certezas científicas, sino también las habilidades técnicas, las normas sociales de conducta, los modos de vida o incluso los códigos estéticos que rigen los sistemas de apreciación en todo el mundo. Asimismo, hay que pensar en el papel histórico que desempeña en Europa la afirmación del Estado en la época clásica y su monopolización de la violencia legítima que, obrando una lenta modificación de las conductas, modelaría la economía afectiva de los individuos al ejercer un mayor control de las pulsiones y las emociones, y conseguir que las constricciones sociales exteriores se conviertan poco a poco en autolimitaciones.

También estas flexiones e inflexiones mayores de la vida afectiva son difíciles de detectar. Sus cronologías son variables y su datación incierta. Los movimientos subterráneos que afectan a la sensibilidad, siempre discretos, se parecen a esas revoluciones silenciosas que avanzan «a paso de tortuga», hasta que, de repente, es posible entreverlos en los archivos a través del anuncio de una nueva prohibición, la emergencia de un pudor desconocido o el estallido de un escándalo. Entonces le corresponde al historiador trabajar en la lenta identificación de un conjunto de indicios coherentes que den testimonio del surgimiento de una nueva sensibilidad.

Esta historia inconsciente a menudo experimenta amplias oscilaciones, ya que sus mutaciones se distribuyen en dilatados—a veces muy largos—estadios. Esta cadencia específica implica saber trabajar con grandes períodos. De lo contrario, al escribir una historia de corto alcance, a la escala de una sola vida humana o de una generación, resulta difícil identificar esos procesos sociohistóricos a gran escala que alteran profundamente el régimen de las costumbres y la vida sensible de los cuerpos.

Una vez identificadas esas *corrientes* y estudiado a fondo sus fluctuaciones, es posible realizar investigaciones más específicas y otras variaciones de escala, y sobre todo cuando tienden al paroxismo—un crimen atroz, un escándalo muy sonado, una masacre que provoca indignación—se convierten en vías de acceso privilegiadas a esos movimientos profundos. Sirven como reveladores culturales que señalan, entre otros, los desplazamientos de los contornos de lo tolerable y lo intolerable. También es posible «pensar por casos»,[1] estudiando de forma intensiva la trayectoria de un rito, una imagen o un individuo para extraer conclusiones de más amplio alcance. De ahí la variedad de los registros de investigación posibles: un dispositivo afectivo, un acontecimiento paroxístico, un caso psicológico… Todo puede convertirse en fuente, a condición de saber extraer del documento la verdad que lo organiza y no olvidar jamás que las fuentes del historiador o la historiadora deben considerarse menos como vectores que como objetos en sí, pues hablan de ellas mismas antes de hablar del mundo.[2]

El abanico es amplio: los libros de educación, los tratados de buenos modales y otros manuales de higiene que dan información sobre normas y prohibiciones; la literatura médica en todas sus formas, que habla del estado de

[1] Jean-Claude Passeron y Jacques Revel (ed.), *Penser par cas*, París, Éditions de l'École des hautes études en sciences sociales, 2005.

[2] Philippe Artières y Dominique Kalifa (ed.), «Histoire et archives de soi», *Sociétés et représentations*, n.º 3, 2002.

los cuerpos y las almas; los archivos policiales, judiciales o notariales, en los que pueden hallarse las tensiones afectivas que atraviesan los asuntos familiares, los sucesos, la violencia y el crimen cotidiano, y que aclaran, mejor que otras fuentes, los códigos afectivos que rigen en los ámbitos populares; los egodocumentos, por supuesto, desde los diarios íntimos a las autobiografías, pasando por las memorias, los relatos de viajes o de guerra; la prensa y la literatura de ficción, muy valiosas en cuanto reflejan y a la vez modelan las sensibilidades, no menos, por otra parte, que el universo de las imágenes (cuadros, ilustraciones, caricaturas, fotografías, películas...), que da cuenta de la larga historia de los gestos emotivos y los códigos culturales de la expresión; y, por último, los objetos mismos, la totalidad de la cultura material (vestuario, complementos, útiles...), vías de acceso indispensables a la cultura gestual, los juicios sobre el gusto o los estilos de vida representativos de una época.

Una historia de este tipo, por supuesto, no carece de dificultades metodológicas, pues también es importante medir en cada caso, al abordar las fuentes, el peso de los códigos narrativos, los registros retóricos utilizados y los silencios impuestos. Para evitar confundir lo no dicho con lo no experimentado hay que saber que la identificación de los fenómenos emergentes es un asunto delicado, pues el historiador o la historiadora no siempre puede determinar si la novedad detectada refleja una transformación profunda del repertorio de emociones o sólo la invención de nuevos modos retóricos. Aunque la historia de lo sensible, como se ha mostrado, propone un espacio de investigaciones perfectamente legítimo y abre una lectura distinta de lo social, basada en un enfoque relacional, exhaustivo y constructivista, conviene, sin embargo, no perder nunca de vista que es ante todo un modo de conocimiento *indicial*, en el sentido que da a la palabra Carlo Ginzburg,[1] y sigue siendo para los historiadores e historiadoras una especie de *territorio limítrofe*.

[1] Carlo Ginzburg, «Traces. Racines d'un paradigme indiciaire» [1986], en: *Mythes, emblèmes, traces. Morphologie et histoire*, trad. Martin Rueff *et al.*, París, Verdier, 2010. [Existe traducción en español: «Indicios. Raíces de un paradigma de inferencias indiciales», en: *Mitos, emblemas, indicios. Morfología e historia*, trad. Carlos Catroppi, Barcelona, Gedisa, 1999].

PERÍODOS

EL PODER DE LAS LÁGRIMAS. EL LLANTO EN LA ANTIGÜEDAD ROMANA

SARAH REY

Con la mano ocultándole el rostro para no mostrar las lágrimas, envuelto en su manto púrpura, Agamenón ve cómo su hija Ifigenia es conducida al sacrificio. La escena es bien conocida, y fue el pintor griego Timantes (siglos V-IV antes de Cristo) quien mejor la representó. Su obra fue comentada por ilustres autores latinos—Cicerón y Plinio el Viejo, entre otros—que no dudaron en narrar la encrucijada en la que se encontró el artista, entre la obligación de representar un dolor extremo y la solución que finalmente adoptó: disimular la expresión del rey. Para hacerse una idea de lo que era el cuadro, hay que observar un fresco del siglo I después de Cristo inspirado en él y encontrado en Pompeya que hoy se conserva en el Museo Arqueológico Nacional de Nápoles. Basta observarlo para advertir las dificultades que plantea la historia de las costumbres romanas en materia de llanto: se adivina que, desde la Antigüedad, los primeros en llorar, y quienes lo hicieron de manera más intensa, fueron los hombres poderosos; también resulta evidente todo lo que los romanos deben a los griegos en este sentido, tanto en la concepción como en la representación de sus sentimientos; y se comprende que las fuentes antiguas planteen, cada una a su manera, singulares desafíos: el arte grecorromano evita la materialidad de las lágrimas y prefiere posturas estereotipadas de piedad y conmiseración, y los textos no siempre hacen explícita la forma que toma el «acto de llorar» en sí.

En Roma, el llanto parece inevitable, tanto durante la República (509-527 antes de Cristo) como en la época imperial (27 antes de Cristo–476 después de Cristo), en la que abundan los testimonios. Los historiadores, biógrafos, filósofos y oradores dan cuenta de hombres que lloran bajo la mirada de sus conciudadanos, sus soldados o sus rivales. Ningún «género» literario evita estos sollozos, cuya dimensión es política. Tampoco sorprende que, por su parte, los poetas latinos se deshicieran a menudo en lágrimas, en particular los elegíacos (Catulo, Tibulo): los amores desgraciados favorecen todo tipo de efusiones, según una tradición a menudo reinventada después de los griegos que se prolonga hasta la poesía moderna; no existe aquí distancia antropológica alguna. Lo importante, pues, está en otro sitio: en los innumerables testimonios de lágrimas vertidas *en público* y descritas como momentos decisivos de la vida comunitaria. Existía una gran pluralidad de situaciones sociales que las imponían: los episodios guerreros, las ceremonias religiosas, las negociaciones diplomáticas, los procesos políticos, los duelos—modestos o estrepitosos—daban lugar a mares de lágrimas. Si se escrutan bien las fuentes, se dibuja así, alrededor de los sollozos romanos, toda una historia social y sensible que sólo recientemente ha empezado a escribirse. Durante mucho tiempo, en efecto, los estudiosos de la Antigüedad, cuyas ambiciones científicas se definieron por etapas en el curso del siglo XIX, no se tomaron en serio esta desconcertante emotividad de los antiguos. Un latinista, Edmond Courbaud, resumía la opinión general al escribir, a propósito de los relatos de Tácito: «Abundancia de ruidosas demostraciones, gestos patéticos, gritos, lágrimas [...] Y todo ello nos sorprende por su falta de mesura, a menudo también por su falta de sinceridad, pero no puede ser inventado».[1] La afectividad romana ha plantea-

[1] Edmond Courbaud, *Les procédés d'art de Tacite dans les «Histoires»*, París, Hachette, 1918.

do problemas de comprensión elemental: ¿cómo asimilar que los cónsules, senadores, emperadores, dictadores, legionarios fueran capaces de llorar con tal ahínco?

Los helenistas tenían, en esta historia, una ventaja. Hélène Monsacré fue capaz de demostrar, en su *Les larmes d'Achille* (1984), que los héroes homéricos invertían mucho tiempo en llorar, y que sus accesos de tristeza no enturbiaban su imagen de guerreros feroces. Cuando lamentaban la muerte de sus compañeros en combate lo hacían con todo el cuerpo, hasta el punto de que, a veces, acababan revolcándose en el suelo, en la arena, en el barro. Así mostraban el reverso de la fuerza que acostumbraban a exhibir en la batalla. Su abandono estaba plenamente justificado. Pero algunos siglos más tarde Platón vino a alterar la situación reprochando a Homero que hubiera escrito esas escenas de lamentación: en el programa educativo de la ciudad ideal imaginado en los libros II y III de *La república*, Sócrates se plantea expurgar el texto homérico de todos los pasajes donde la vulnerabilidad se expone sin ambages.

La investigación de Hélène Monsacré tenía el doble mérito de mostrar el carácter sorprendente de las sensibilidades antiguas y la posibilidad de extraer de ahí sus mutaciones según las épocas. Había abierto camino para entender el uso que hizo de las lágrimas una sociedad—la romana—que le debía casi todo a Grecia.

Los romanos encontraron una gran cantidad de ocasiones para llorar. En primer lugar, en los ritos funerarios, donde el respeto condicionaba un valor cardinal, la *pietas*: una piedad debida en principio a los ancestros, a la familia en un sentido reducido o amplio y a los amigos. El *funus* romano exigía afligirse el día del entierro, aunque ello significara recurrir a plañideras profesionales. Existen documentos de distinto tipo que testimonian la exigencia de lágrimas durante los funerales y en otras ocasiones (por ejemplo, al visitar las tumbas). Hay muchos epitafios versificados, llamados *carmina* funerarios, donde tanto los difuntos como sus seres queridos toman la palabra. «Una y otra vez pronunciaré, Flavia Nicopolis, tu bello nombre: quiero que lo oigan tus *manes*. Y muchas veces verteré mis lágrimas en tu tumba», afirma un esposo afligido en una inscripción encontrada en la via Nomentana, en las afueras de Roma. Este tipo de inscripciones estaban destinadas a ser leídas en voz alta y contribuían a la oralización de la memoria, que tejía un lazo inquebrantable entre los vivos y los muertos. Las lágrimas del duelo tenían mucha importancia. Algunos textos normativos prohibían ciertas formas paroxísticas de lamentación, sobre todo las que se expresaban a modo de gritos ensordecedores (los *lessus*), manifestaciones que en el siglo V antes de Cristo acabaron siendo objeto de la legislación romana: el duelo empezaba a disponer de reglas. Y ciertos discursos filosóficos no se privaban de designar las buenas y malas actitudes que podían adoptarse en tales circunstancias: en su *Consolación de Apolonio sobre la muerte de su hijo*, Plutarco (siglos I-II después de Cristo) afirma que el lamento es, en realidad, «femenino, débil e innoble (Θῆλυ γὰρ ὄντως καὶ ἀσθενὲς καὶ ἀγεννὲς τὸ πενθεῖν), pues las mujeres son más propensas a las lamentaciones que los hombres, y los bárbaros más que los griegos, y los hombres inferiores más que los mejores».[1]

Si los ritos funerarios estaban hasta tal punto normativizados y las posturas que los acompañaban eran objeto de

[1] Plutarco, «Consolation à Appolonios», en: *Œuvres morales. Traités 10-14*, t. 2, París, Les Belles Lettres, 2003. [«Escrito de consolación a Apolonio», en: *Obras morales y de costumbres. (Moralia)*, vol. 2, introd., trad. y notas Concepción Morales y José García, Madrid, Gredos, 1986, p. 87].

tantos juicios morales era para obedecer a los imperativos de la religión en un sentido amplio, donde la afectividad desempeñaba un papel determinante. Algunas ceremonias religiosas, como las *supplicationes*, podían incluir escenas de llano colectivo, dado que los romanos, en situaciones de crisis, siempre querían reconciliarse con sus dioses. Los sollozos de las matronas convocadas para tales procedimientos expiatorios no debían prolongarse mucho tiempo, pues la *religio* solía basarse en un sentimiento de satisfacción general, de buen entendimiento entre los hombres y los inmortales. En el terreno religioso a los romanos más bien les inquietaban las lágrimas, sobre todo si aparecían en las estatuas de culto, como ocurrió en el año 181 antes de Cristo: en una ciudad del Lacio, Lanuvium, pudo verse una estatua de Juno con una lágrima en un ojo. Este tipo de acontecimientos se consideraban un presagio ominoso al que las autoridades públicas debían poner remedio.

Y dado que los cultos romanos eran eminentemente cívicos, las lágrimas podían desplazarse fácilmente de lo religioso a lo político. Así, en el año 19 después de Cristo, la «opinión pública» romana reprochaba al emperador Tiberio y a su madre Livia su excesiva frialdad ante la muerte del popular general Germánico. Al no compartir la tristeza colectiva, el emperador en funciones se volvió odioso a los ojos del pueblo: Tácito insiste en ello y es un elemento de peso en el expediente que instruye contra Tiberio. Pero mucho antes de la instauración del Principado ya existían en Roma lágrimas de alto valor político. Un acontecimiento sucedido en el año 146 antes de Cristo y relatado por el historiador griego Polibio resulta revelador en este sentido: un *imperator* romano, Escipión Emiliano, habría llorado tras provocar la destrucción de Cartago. Polibio fue testigo directo, pues el general romano estaba dirigiéndose a él cuando se vio embargado por la emoción. Podemos pensar que se trata de un puro relato «propagandístico» que contribuiría a distinguir al conquistador de sus actos violentos, y sin duda algo hay de ello. Sin embargo, mantener esta posición de desconfianza, incluso de hostilidad con respecto a nuestras fuentes, nos privaría de algunas claves fundamentales para la comprensión del suceso. En realidad, Escipión Emiliano, a través de sus lágrimas, delata una sensibilidad que estaba convencido de poseer desde su juventud y se comporta como sus modelos griegos. Seguramente recordaba haber leído en Homero que los héroes podían apiadarse de sus víctimas. De la misma manera, quizá supiera que, algunas décadas antes, un rey tan poderoso como Antíoco III había sido capaz de llorar por la suerte de su antiguo enemigo Aqueo. Obviamente, este acto de contrición del romano ante la ciudad destruida no era más que una pose para exculparse.

La totalidad de la vida política romana estaba marcada por escenas de este tipo, en las que los poderosos se reservaban las lágrimas como prueba de su clemencia (*clementia*), como demostración de misericordia (*misericordia*) o como último recurso. Tomemos otro ejemplo: el cruce del Rubicón en el 49 antes de Cristo, tal como lo cuenta Suetonio en su *Vida de los doce césares* (81, 4). Según el biógrafo, Julio César, poco después de haber conducido a sus hombres más allá de aquel río que no debían atravesar bajo pena de convertirse en proscritos, les dirigió un discurso lleno de patetismo: César llegó a llorar ante ellos y se rasgó las vestiduras. Tampoco en este caso hay que menospreciar a nuestro informante: si bien tiene debilidad por las anécdotas pintorescas, Suetonio no acostumbra a inventarse los acontecimientos que narra. Por favorable a César que fuese el biógrafo, no traicionó la verdad: mostró que el futuro dictador arengó a sus soldados cuando el mal ya estaba hecho—una vez atravesado el Rubicón—y la situación era lo suficientemente grave como para que debiera dirigirse a las tropas con tono dramático. Todo en este episodio restituido por Suetonio resulta creíble. El arte de la oratoria, en el que César se había formado desde su juventud, animaba a rematar con unas lágrimas ese tipo de discursos. Pues la retórica, originaria de Grecia y establecida posteriormente en Roma, constituía una enseñanza fundamental para cualquier hombre llamado a desempeñar algún papel en la ciudad. Adiestraba en la elocuencia, es decir, en el arte de convencer con las armas de la argumentación, pero también con el sentimiento, llamado *pathos* en griego y *adfectus* en latín. En el caso de los romanos, en el año 149 antes de Cristo se encuentra por primera vez una prueba de que las lágrimas también sirven para defenderse: se dice que Sulpicio Galba, quien había provocado una terrible masacre en España, evitó toda condena llorando durante su discurso en el Senado. Y no fue más que el principio: las lágrimas ya no iban a abandonar jamás las asambleas y los tribunales romanos. Cicerón (106-43 antes de Cristo) fue el mejor representante de esta elocuencia deliberativa o judicial, pues estaba convencido de que el orador debía «enseñar, complacer, conmover» (*docere, delectare, mouere*). De acuerdo con su propia definición, no dudaba en llorar en los alegatos que pronunciaba, para mejor transmitir así a su audiencia la emoción que conseguiría absolver a sus clientes. En el *Pro Plancio* (76), el orador fue incluso capaz de diferenciar tres grados de efusión: la lagrimita (*lacrimula*), las lágrimas propiamente dichas (*lacrima*) y la crisis de llanto irreprimible (*fletus*). Cicerón era consciente de que se requería prudencia y debían dosificarse bien los efectos de las emociones: en resumen, no olvidar nunca, según la consigna del retórico griego Apolonio, que «nada se seca más rápido que una lágrima». Los otros textos que sirvieron para formalizar la elocuencia romana—la *Retórica a Herenio* o, a finales del siglo I después de Cristo, las *Instituciones oratorias* de Quintiliano—no se desvían de esta línea emotiva: el orador podía permitirse llorar, pero en un instante escogido del discurso, es decir, al final, en la peroración, y siempre invocando una causa superior. Provistos de estas técnicas oratorias, los buenos emperadores sabían verter lágrimas de manera inteligente. Se decía que Augusto había llorado lágrimas de alegría al recibir el título de «padre de la patria» (*pater patriæ*) en el año 2 antes de Cristo, en un momento de unanimidad política. Y también que Vespasiano se afligía cada vez que debía aplicar la pena capital. A fin de cuentas, sólo los malos dirigentes eran incapaces de llorar por buenas razones, algo que Nerón confirmó a su pesar. Según Tácito, la hija de un personaje importante, Lucio Antistio Vétere, intercedió por su padre en la causa instruida contra él, con la más justa emoción pero sin éxito.[1] Era evidente: los malos emperadores se lamentaban a destiempo o por sí mismos en vez de por otros, sin saber que gran parte de los problemas políticos podían resolverse mediante un simple intercambio de lágrimas.

LAS LÁGRIMAS, UN HECHO SENSIBLE TOTAL

Así pues, el llanto resultaba útil para todo, de manera que la sociedad romana no podía prescindir de él. Identificar su repetición supone entender que la historia de las sensibilidades no puede limitarse a una investigación lexico-

[1] Tácito, *Anales*, 16, 10, 5.

gráfica. A menudo los historiadores se amparan en un solo término—en este caso podría ser *misericordia*—para acceder a lo que realmente ha ocurrido e intentar aproximarse a una verdad sensible que se ha desvanecido. Por útil que sea, este método, consistente en seguir jalones terminológicos previamente definidos, nunca permite restituir las formas de la afectividad en toda su complejidad. Construir una historia de las sensibilidades consiste en observar las fuentes de la manera más próxima posible, hasta el detalle más nimio o incluso hasta lo no-dicho en los textos. Para entender mejor a qué nos referimos hay que leer la obra latina del siglo I antes de Cristo que la tradición ha conservado bajo el título de *Laudatio Turiæ.* Un hombre pronuncia la oración fúnebre de su querida esposa y, en el transcurso de la misma, recuerda la manera en que ella le imploró clemencia para sus enemigos políticos, poniéndose a sus pies. Este gesto de súplica, tan común, iba frecuentemente acompañado de lágrimas: el viudo le da las gracias así a la difunta por su llanto, a pesar de que el texto no lo especifica. Las lágrimas eran tan comunes que podían no mencionarse, pero a la vez se consideraban una pieza indispensable para el buen funcionamiento de tales secuencias emotivas. La historia de las sensibilidades romanas invita a dibujar los contornos de estas situaciones sociales, que se repiten sin cesar y requieren ciertos actores y afectos para producirse. Y aunque la historia de lo sensible se ocupe de un pasado muy lejano permite recuperar las dimensiones propiamente sensoriales que estaban en juego. Las lágrimas romanas se asociaban inevitablemente al sentido de la vista, como ilustra una frase de Séneca extraída de su tratado *Sobre la tranquilidad del espíritu* (15, 6), donde denuncia la hipocresía de quienes, en los funerales, lloran por pura convención: «Pues los más derraman lágrimas para mostrarlas y tienen los ojos secos en las ocasiones en que les falta un espectador».[1] Y lo mismo dice en *Sobre la clemencia* (2, 4): «Se sabe que son ojos débiles los que lagrimean ante las lágrimas de otros, tanto como que es una enfermedad, no buen humor, el reírse siempre cuando otros se ríen, y el abrir también la boca ante un bostezo de cualquiera».[2] La historia del llanto es, fisiológicamente, una historia de ojos que, entreviéndose, crean entre ellos una especie de simpatía de los afectos.

Pero la dimensión visual no lo agota todo: hay que asociar a ella los acontecimientos sonoros. Los llantos romanos provocan ruido, ya se relacionen con gemidos ahogados o con lamentos persistentes. Citemos una carta de Plinio el Joven, testigo a distancia de la erupción del Vesubio en el año 79, que describe la huida desesperada de quienes vivían al pie del volcán para salvarse: «Podían oírse los aullidos de las mujeres [*ululatus feminarum*], los llantos de los niños [*infantium quiritatus*], los gritos de los hombres [*clamores uirorum*]».[3] El autor distingue a sus actores según los sonidos que producen, y merece la pena detenerse en la palabra que emplea Plinio para caracterizar el llanto femenino: *ululatus*. En latín, el *ululatus* puede ser tanto animal como humano: puede designar los gritos de los hombres y las mujeres, pero también el ulular de las aves rapaces nocturnas, e incluso el de los lobos y los perros. Los *aullidos* de las mujeres se distinguen, en el relato de Plinio, de los *llantos* de los niños y los *gritos* viriles. No es casualidad

[1] Séneca, «Sobre la tranquilidad del espíritu», en: *Diálogos*, introd., trad. y notas Juan Mariné, Madrid, Gredos, 2008, p. 365. (*N. del T.*).

[2] Séneca, *Sobre la clemencia*, estudio preliminar, trad. y notas Carmen Codoñer, Madrid, Tecnos, 1988, p. 53. (*N. del T.*).

[3] Plinio el Joven, *Cartas*, introd., trad. y notas Julián González, Madrid, Gredos, 2005, Libro VI, Carta 20, p. 316. (*N. del T.*).

que se mencione primero a las mujeres: desde que los textos antiguos toman en consideración el aspecto sonoro de las lágrimas, las romanas encuentran un lugar de primer orden, mientras que, en la mayoría de las ocasiones, las fuentes más antiguas que refieren escenas en las que se llora dan más protagonismo a los hombres.

El último de los sentidos en adquirir protagonismo en esta historia de las lágrimas es el tacto. Los sollozos romanos se completaban con una gestualidad que ayudaba a adivinar qué pretendían quienes estaban llorando. En el curso del episodio de Cartago mencionado, Escipión, al llorar, podría haber tomado la mano de su interlocutor, Polibio, quizá para ponerlo de testigo de su emoción: los apretones de manos, en la Antigüedad romana, eran una declaración de «buena fe» (*bona fides*). En otras circunstancias, los cuerpos se comprometen aún más: la abundancia de súplicas mientras se derraman lágrimas implica pleitesía ante la persona a la que se implora, a la que se intenta tocar las rodillas, que se consideraban el lugar de la misericordia. Bajo el principado de Tiberio, un senador desesperado, Quinto Haterio, se lanzó de tal manera a los pies del emperador que provocó su caída.

Los romanos, pues, lloraban a voluntad, sin miedo a parecer excesivos, para mostrar piedad, convencer a su auditorio, resolver las dificultades del día a día... Este régimen romano del llanto duró siglos y experimentó diversas inflexiones, primero con la adopción de las enseñanzas retóricas griegas y luego con la instauración del régimen imperial, que provocó que las súplicas lacrimógenas se dirigieran en adelante a la persona del emperador. Una última etapa se inició con los cristianos, que trataron de acaparar las lágrimas. Por una de esas paradojas que les eran tan familiares, insistieron en la necesidad de afligirse por sistema, sin esperar una retribución inmediata, y quisieron creer en la felicidad del llanto. Las lágrimas cambiaban de época y empezaba otra historia.

BIBLIOGRAFÍA

AMBAGLIO, Delfino, «Il pianto dei potenti: rito, topos e storia», *Athenaeum*, n.º 73, 1985, pp. 359-372.

FÖGEN, Thorsten (ed.), *Tears in the Graeco-Roman World*, Berlín, De Gruyter, 2009.

GUELFUCCI, Marie-Rose, «Troie, Carthage et Rome: les larmes de Scipion», en: Michel Fartzoff, Murielle Faudot, Évelyne Geny y Marie-Rose Guelfucci (ed.), *Reconstruire Troie. Permanence et renaissances d'une cité emblématique*, Besanzón, Presses Universitaires de Besançon, 2005, pp. 407-424.

MONSACRÉ, Hélène, *Les larmes d'Achille. Le héros, la femme et la souffrance dans la poésie d'Homère*, París, Albin Michel, 1984.

NAGY, Piroska, *Le don des larmes au Moyen Âge. Un instrument spirituel en quête d'institution* (Ve-XIIIe *siècle)*, París, Albin Michel, 2000.

NAIDEN, F. S., *Ancient Supplication*, Oxford, Oxford University Press, 2006.

PERNOT, Laurent, *La Rhétorique dans l'Antiquité*, París, Le Livre de Poche, 2000. [Existe traducción en español: *La retórica en Grecia y Roma*, trad. Karina Castañeda Barrera y Oswaldo Hernández Trujillo, Ciudad de México, Universidad Nacional Autónoma de México, 2013].

REY, Sarah, *Les larmes de Rome. Le pouvoir de pleurer dans l'Antiquité*, París, Anamosa, 2017.

—, «La *misericordia* romaine. Un mouvement perdu», *Sensibilités. Histoire, critique et sciences sociales*, n.º 5, noviembre de 2018, pp. 124-127.

ŠTERBENC ERKER, Darja, «Voix dangereuses et force des larmes: le deuil féminin dans la Rome antique», *Revue de l'histoire des religions*, n.º 221, 2004, pp. 260-291.

¿HAY QUE CIVILIZAR A LOS BÁRBAROS? PENSAR Y VIVIR LAS EMOCIONES EN LA EDAD MEDIA

DAMIEN BOQUET

UNA SENSIBILIDAD PRIMITIVA

Es muy tentador considerar las emociones como disposiciones universales de la naturaleza humana: ¿quién podría dudar, en efecto, de que las mujeres y los hombres de la antigua China, de la Grecia de los tiempos de Pericles o del Occidente medieval sentían, como nosotros en la actualidad, miedo ante el peligro, tristeza ante la desgracia o alegría ante un acontecimiento feliz? Pero afirmar que las emociones son universales, que son las mismas en cualquier época o lugar, implica suponer que no tienen historia, o, como pensaba Darwin, que dependen de la historia natural, de la historia de la especie, y muy poco, finalmente, de la historia cultural o social, que no sería otra cosa que el decorado cambiante en el que se moverían las emociones, siempre imperturbables.

Sin embargo, existe registro de emociones en la Edad Media que parecen primordiales para las mujeres y los hombres de la época pero resultan extrañas a nuestros oídos: ¿quién podría decir hoy que ha sentido alguna vez acedía, compunción o dilección? Estas emociones no son únicamente palabras extrañas que se refieren a emociones comunes a las que nosotros daríamos otros nombres: Definen sentimientos específicos, vinculados a la espiritualidad cristiana, que casi nada tienen que ver con la sensibilidad actual. Y en caso de que la palabra conserve algún tipo de resonancia, esa familiaridad proporciona sólo una ilusión de continuidad, dada la diferencia extrema entre los contextos vitales. Así, en la Edad Media, la compunción no era sólo el dolor del remordimiento, sino que se refería a una forma muy concreta de arrepentimiento que mezclaba la tristeza ante el pecado y el consuelo en la esperanza del perdón. Por este motivo, la compunción podía resultar deliciosa para quien la sentía y hacer dulces las lágrimas vertidas por su causa.

La rápida evocación de estos fósiles emocionales debería convencernos de que las emociones no sólo forman parte de la historia, sino que tienen una historia estrictamente determinada por los contextos culturales y sociales. Como toda construcción cultural, las emociones nacen, viven y a veces desaparecen del cuerpo social y, por lo tanto, también de los cuerpos individuales. A partir de ahí, si los historiadores reconocen que la emoción es un objeto digno de historiarse, ¿cómo explicar que la «historia de las emociones» sea un campo de investigación tan reciente, que en realidad no se constituyó como tal hasta el último cambio de siglo? Esta impresión está distorsionada por la novedad del vocabulario: hace mucho tiempo, en realidad, que los historiadores reconocen un lugar para las pasiones, es decir, las sensibilidades. Para comprobarlo podríamos remontarnos a la Antigüedad, hasta Tucídides o Tito Livio. Pero no hace falta ir tan atrás en la literatura historiográfica, basta sumergirse en la *Histoire de la France* de Michelet, que atribuye a cada período una personalidad emocional, un temperamento. Así, la Edad Media sería un

niño triste, arrancado de las entrañas del cristianismo, que nacería entre lágrimas, crecería entre oraciones y ensoñaciones, en medio de las angustias del corazón, y moriría sin acabar nada;

pero nos ha dejado un recuerdo tan poderoso de sí mismo que toda la alegría y la grandeza de las épocas modernas no bastan para consolarnos.

A los ojos de Michelet, a menudo tan llenos de lágrimas, las mujeres y los hombres de la Edad Media son emotivos porque son como niños grandes, seres dependientes y un poco inmaduros, incapaces de reprimir sus pulsiones, sumidos en una gran espontaneidad emocional. Esta misma percepción de la emoción obligará a decir al gran erudito neerlandés Johan Huizinga, ya a principios del siglo XX, en *El otoño de la Edad Media*: «El pueblo oscila, como un gigante con cabeza de niño, entre angustias infernales y el más infantil regocijo, entre la dureza más cruel y una emoción sollozante».[1] Y también Lucien Febvre, a finales de la década de 1930, al lanzar la primera llamada para que por fin se escriba una historia de la «vida afectiva en tiempos pasados», comparte esas convicciones: las emociones remiten a las profundidades de la humanidad, a sus pulsiones primitivas e inconscientes. Cuanto más se remonta el curso de los tiempos hacia los orígenes del mundo moderno, más aparece sembrado de emociones el camino de la historia. A lo largo del siglo XX, los historiadores, aún muy poco interesados por las emociones, retomarán ese esquema que compara la historia de las sociedades con la evolución psicológica de los individuos, y que asocia el proceso de civilización, teorizado por Norbert Elias en la década de 1930, con un proceso de racionalización.

Sólo muy recientemente esta visión sesgada y teleológica

[1] Johan Huizinga, *L'automne du Moyen Âge*, trad. Julia Bastin, París, Payot, 1993. [*El otoño de la Edad Media*, trad. José Gaos, Madrid, Alianza, 1982, pp. 36-37].

de la historia ha empezado a ponerse en duda. Ésa es la novedad de la «historia de las emociones», nacida del diálogo con las ciencias humanas y sociales—la psicología, la sociología, la antropología—, que, aunque a veces se apoyan en bases epistemológicas incompatibles, han sabido oponerse a la idea según la cual las emociones serían por naturaleza irracionales, primitivas, y actuarían como fuerzas efervescentes que nos devuelven a nuestra animalidad, esperando a que la razón las domestique y civilice. Ahí reside igualmente la divergencia con la «historia de las sensibilidades», inaugurada por la escuela de los *Anales*, y no en la naturaleza del objeto, pues es indudable que las emociones dependen de lo sensible. Enmarcada esencialmente en la historia moderna y contemporánea, la historia de las sensibilidades, tan cara a Lucien Febvre y Alain Corbin, sigue siendo fiel hoy al modelo eliasiano de los procesos de civilización, la racionalización de las conciencias y los afectos, los progresos del autocontrol. La historia de las emociones sin duda se ha emancipado del esquema evolucionista con más fuerza en Francia que en otros lugares, porque fue en Francia donde la historia de las sensibilidades vio la luz; y también con más vigor entre los historiadores medievalistas, por supuesto, porque fue la Edad Media la que más sufrió el proceso de civilización. Sin embargo, estas dos corrientes tenían demasiado en común como para permanecer mucho tiempo separadas, y surgieron otras escisiones. Algunos historiadores de ambas escuelas piensan ahora mismo que debe reconsiderarse el lugar de las emociones en la historia apoyándose en el estado actual de las ciencias de la emoción (sobre todo en la psicología cognitiva y la neurociencia), las cuales subrayan el papel decisivo que desempeñan las emociones en el aprendizaje de los conocimientos y los valores, así como el modo en que constituyen finalmente otra racionalidad. Algunos historiadores, entre los que me incluyo, consideramos, por el contrario, que sería un error escribir la historia a partir del estado contemporáneo de la ciencia, pues ello supondría exponerse a un desfase con respecto a las culturas del pasado. ¿No sería más prudente y simple comprender y explicar el modo en que las mujeres y los hombres de la Edad Media pensaban y vivían las emociones basándose en sus propias concepciones?

PENSAR LA VIDA AFECTIVA

Así pues, si el historiador abandona su posición superior, siempre provisional, se apercibirá de que las gentes medievales pensaban y utilizaban las emociones de manera muy coherente, algo que resulta indudable a poco que se las inscriba en su contexto. Las concepciones medievales de las emociones son muy diversas, y a veces contradictorias, según las épocas, los medios y los tipos de discurso. Los sacerdotes no ostentan la misma mirada que los médicos, que consideran las emociones ante todo como fenómenos físicos, efervescencias de humores que caracterizan el temperamento de cada persona, mientras que los clérigos ven las emociones como movimientos del alma que delatan las inclinaciones del hombre según se decante hacia el vicio o la virtud. También hay que decir que en las sociedades occidentales, donde el cristianismo desempeñó un papel cada vez más importante, la influencia de la palabra de los integrantes de la Iglesia—que a veces también estaban relacionados con la medicina—resultó determinante.

Así, para Agustín de Hipona, cuyo pensamiento ejerció una gran influencia durante todo el período, las emociones (*affectus*) son movimientos de la voluntad. Aunque el sujeto pueda tener la impresión de que sus emociones se le escapan, quiere experimentar esos sentimientos. Desde el pecado original, no es la sensibilidad la que domina el alma humana, sino la razón. Las emociones informan sobre las motivaciones profundas de la voluntad y los valores morales; en absoluto vienen provocadas por el cuerpo. Éste recibe las sensaciones, pero sólo el alma reacciona en forma de aliento emocional, sin ningún carácter obligatorio. Ésa es la razón por la que el hombre es responsable de sus emociones.

A partir del siglo XVII esta concepción empezó a ponerse en duda, sobre todo a causa del redescubrimiento de la ética de Aristóteles y los comentarios árabes que la acompañaron, aunque también de la creciente influencia del saber médico. En las escuelas de París y, más tarde, en la universidad, se empezó a repensar la cuestión de la espontaneidad de las emociones. Así, los maestros identificaron varias fases en el surgimiento de la emoción: una primera fase totalmente involuntaria, y por lo tanto difícil de controlar, consistente en un choque emocional al que llamaron «movimiento primero», y una segunda fase en que la voluntad racional acompañaba al movimiento. Esta aproximación, más compleja, incide en una mayor naturalización de las emociones, sin que ello ponga en duda su dimensión moral y, por lo tanto, la responsabilidad individual. Abelardo, por ejemplo, afirma que poseer un temperamento colérico no es un pecado, sino un defecto natural—un defecto de complexión, dirían los médicos de la época—que compara con la cojera. Por el contrario, si el colérico deja que lo posea por completo la cólera, deberá rendir cuentas de sus actos. En este mismo sentido, a partir del siglo XVIII, el cuerpo recupera terreno y la mayor parte de los intelectuales, siguiendo el ejemplo de Tomás de Aquino, acaban considerando que las emociones son una combinación de estados fisiológicos y movimientos del alma.

SENSIBILIDADES CRISTIANAS

Más allá de los discursos eruditos, ¿qué hay de las prácticas emocionales? ¿Qué evoluciones experimentan? En el terreno religioso, el monasterio constituye, durante la Alta Edad Media, un verdadero laboratorio de experiencias afectivas. Los monjes viven como atletas de alto nivel en materia de emociones. Algunas las practican con asiduidad, como la compunción, esa forma de arrepentimiento que mezcla la tristeza con la esperanza. Según una fórmula atribuida a san Jerónimo, el monje es, por definición, «el que llora»: sobre todo por sus pecados, pero también por los de la humanidad y, a través de las lágrimas, se relaciona con Dios, aunque ciertos autores hacen de esa capacidad de llorar una especie de don divino, casi un signo de santidad. Al mismo tiempo, el mundo monástico desconfía de las emociones que tan a menudo conducen al exceso y ponen en peligro la caridad en el interior de la comunidad. Según el espíritu de la orden de san Benito, la palabra clave de las conductas afectivas es la *moderación*. Esta exigencia y esta desconfianza no desaparecerán, pero a lo largo del siglo XI, bajo el efecto del «cristocentrismo» de la segunda mitad de la Edad Media, tiene lugar un verdadero giro afectivo. En la estela de la reforma gregoriana, la Iglesia sitúa más que nunca la figura de Cristo en el centro del dogma y la fe, convirtiendo la vida terrenal de Jesús en modelo vital de todo cristiano. En la misma época, entre los siglos XI y XII, el dogma de la presencia real del cuerpo de Cristo en la eucaristía se impone definitivamente. Todo cristiano, salvado por el sacrificio de Cristo, que se hizo carne y sufrió en la cruz, es invitado a orientar su vida según sus padecimientos. Así toma forma un poderoso modelo de piedad que observa la Pasión de Cristo como espejo de las pasiones humanas: la salvación pasa por una conversión, una transformación de las emociones que permita vivir las de Cristo. Desde entonces, tratándose de pasiones redentoras, ya no hay medida, o más bien, como escribe Bernardo de Claraval: «La medida del amor de Dios consiste en amarlo sin mesura». Los últimos siglos de la Edad Media están llenos de místicos, a menudo mujeres, que se consumen en una apasionada devoción por el Cristo sufriente y no dudan en poner su cuerpo a disposición de ese empeño. Estamos muy lejos de la gravedad monástica. Batallones de predicadores parten a la conquista de almas en medio de una «pastoral afectiva». Los sacerdotes educan a sus rebaños, más que en el miedo al infierno, en los beneficios de la vergüenza. Es necesario imaginar la magnitud del desafío. En esas sociedades, donde el honor era el valor supremo, la promoción de la vergüenza supuso un verdadero desafío a los valores y las sensibilidades. La vergüenza del pecado era algo más que una toma de conciencia: era el inicio de la conversión, la condición misma de la eficacia del sacramento de la penitencia. Sentir vergüenza por las faltas pasadas era ya temer el deshonor de los pecados por venir. La Iglesia, exigiendo transgredir una de las normas más imperiosas de la vida social, fundó así un nuevo régimen del honor.

LA SOCIEDAD DE LAS EMOCIONES

Este reto revela otro aspecto de las prácticas emocionales de la Edad Media: su diversidad según los medios sociales.

Barbara H. Rosenwein, académica estadounidense y pionera en la historia de las emociones, habla de «comunidades emocionales» para calificar grupos sociales (una orden monástica, una corte principesca, una elite urbana) que basan parte de su identidad social en la codificación de las emociones. Por ejemplo, muestra el modo en que los escritos producidos en el entorno de los reyes merovingios Clotario II y Dagoberto, en el siglo VII, desvalorizaron la legitimidad política de la cólera e incluso degradaron la figura materna con el fin de oponerse con más fuerza al último período del reinado de Brunegilda.

Asimismo, el tiempo del duelo se definió como un momento privilegiado en el que, a través de la emoción, se expresaban públicamente los valores a veces conflictivos de las diferentes comunidades emocionales. Mientras la Iglesia defendía la contención en la expresión del dolor, en nombre de la virtud de la esperanza, otros grupos veían en él la ocasión de expresar su unidad y su poder a través de grandes cantidades de lágrimas, gemidos y gestos ostentosos. A finales del siglo XIII, en la ciudad de Orvieto, en la Umbría, llegó al poder una nueva clase dirigente, surgida en parte de la elite burguesa. A fin de refrenar las pretensiones de los viejos clanes aristocráticos, los estatutos comunales prohibieron las exhibiciones ostentatorias, por ejemplo la demostración de riqueza con ocasión de una boda, e incluso las manifestaciones colectivas de duelo en la vía pública. En respuesta, las facciones aristocráticas se sirvieron de esos momentos de exhibición emocional ritualizada para reafirmarse en su poder. De esta manera, en 1288, fueron sancionados 129 hombres por haber participado en lamentaciones públicas en las calles de Orvieto con ocasión de la muerte de un joven noble, Lotto Morichelli. Se les acusó de gemir ruidosamente, mesarse los cabellos o arrancarse los pelos de la barba. Entregándose a estos actos, se comportaban afeminadamente, como esas plañideras públicas que a veces acompañaban a los cortejos funerarios.

Este ejemplo ilustra que la emoción manifestada no se corresponde con un desbordamiento incontrolado, sino todo lo contrario. Marcel Mauss entendió perfectamente que la «expresión obligatoria de los sentimientos» no significa que no se experimenten de verdad, en el sentido de que coincidan simultáneamente con aquello que la sociedad espera del individuo y con lo que el individuo espera de sí mismo. Fue el durkheimiano Maurice Halbwachs quien extrajo la conclusión que se impone: toda emoción es originalmente social. La experiencia de las fuentes medievales conduce al historiador por el mismo camino. La reducción de la emoción a un hecho psicológico es, en efecto, algo reciente que no es posible proyectar sobre la Edad Media: el dolor de los dolientes de Orvieto era auténtico precisamente porque proclamaba la unidad del grupo y su solidaridad.

EMOCIONES COLECTIVAS

Tales dispositivos abren inmensas perspectivas para el historiador, aunque también plantean barreras difíciles de franquear. A menudo los textos y las imágenes sólo dan cuenta de las creencias y las prácticas de las elites. Por definición, las masas iletradas no escriben. No obstante, también nos abren ventanas, por ejemplo, las fuentes judiciales donde en ocasiones se transcribían las palabras de la gente común. Constatamos entonces que el recurso a la emoción en el caso de los artesanos, campesinos u obreros responde a los mismos criterios que entre las elites: el valor del honor resulta igualmente central. Defender el honor exige montar en cólera y declarar odio contra el acusador. A la inversa, la emoción imprevista puede ser un argumento para obtener la benevolencia de los jueces. Así, las cartas de remisión evocan, como circunstancia atenuante, el hecho de que el acusado actuara bajo los efectos de la *chaude cole*, una cólera irreprimible que se consideraba atenuante de la responsabilidad. Sin embargo, más a menudo, las emociones de la «gente corriente» aparecían encarnadas en la multitud: el júbilo con ocasión de la llegada de un príncipe a la ciudad; el entusiasmo religioso ante los predicadores; el miedo frente a la llegada de un ejército enemigo o una epidemia. Bien expresen un momento de comunión entre el pueblo y sus dirigentes o, por el contrario, conduzcan a la revuelta, las emociones del pueblo se ven a menudo reflejadas por los letrados como manifestaciones espontáneas, infantiles e incluso animales, lo cual constituye otra manera de construir la distinción social entre la elite, que se arroga el derecho a usar públicamente las emociones porque domina sus códigos, y el populacho, siempre esclavo de sus pasiones.

A veces, no obstante, las fuentes se delatan: queriendo denunciar la furia de la multitud, también dejan ver el modo en que la cólera del pueblo podía dominarse, ritualizarse. Así, Vincent Challet se ha interesado por las revueltas urbanas en Languedoc, a finales del siglo XIV, demostrando que esos accesos de cólera contra el señor o los magistrados de la ciudad, a pesar de su aparente espontaneidad, seguían protocolos muy precisos. Existía una forma de ritualización del motín que procedía por inversión de las ceremonias de júbilo, también extremadamente codificadas, que seguían a las llegadas de la realeza, cuando repicaban las campanas y el pueblo aclamaba al príncipe al grito de «¡Viva el rey!» o «¡Misericordia!». Cuando estallaba una revuelta, los maestros de los gremios hacían sonar las campanas en señal de alarma con el fin de llamar a los habitantes de la ciudad para que se reunieran armados ante las residencias de los gobernantes. De una ciudad a otra se proferían los mismos eslóganes, los mismos gritos, ya fuese en Toulouse en 1357, en Clermont-L'Hérault en 1379 o en Béziers en 1381: «*Moyran, los traidors, moyran!*» ('¡Muerte a los traidores, muerte!'). Y, a veces, con una pequeña variante: «¡Muerte a los ladrones!». Tampoco en este caso el grito de cólera, el clamor, el movimiento de la multitud, suponen un desbordamiento emocional incontrolado, sino que constituyen una forma de ritualización de la revuelta adaptada al espacio urbano e impulsada por los gremios de cada oficio, los cuales, invirtiendo los códigos de las escenas de júbilo, escenifican a la vez la ruptura de la unidad entre el pueblo y sus dirigentes, y buscan fundar un nuevo espíritu común entre los contestatarios. Se trata, ni más ni menos, de una demostración de fuerza política.

Michelet y Huizinga tenían razón al insistir en la fuerza de las emociones durante la Edad Media. Su omnipresencia en la vida cotidiana puede sorprender al observador contemporáneo, y es comprensible que haya podido desconcertar a los historiadores de finales del siglo XIX y la primera mitad del XX, que vivían en una sociedad bastante represiva en el plano emocional, donde las emociones apenas tenían legitimidad en el espacio público, o bien sólo servían para galvanizar a las masas hasta el fanatismo. En la actualidad, el recorrido a través de la historia, y el esfuerzo por comprender y familiarizarnos con los afectos, en apariencia tan extraños, de las mujeres y los hombres de los siglos pasados, son también una invitación a cuestionar el lugar que reservamos en nuestras sociedades a esa parte de nuestra humanidad, hecha de luces y sombras, que a la vez nos fascina y nos inquieta.

BIBLIOGRAFÍA

BOQUET, Damien, *Sainte vergogne. Les privilèges de la honte dans l'hagiographie féminine au* XIIIe *siècle*, París, Classiques Garnier, 2020.

—y Piroska Nagy, *Les émotions au Moyen Âge. Carnet d'*EMMA *(Les émotions au Moyen Âge)*, https://emma.hypotheses.org.

CHALLET, Vincent, «"Moyran, los traidors, moyran": cris de haine et sentiment d'abandon dans les villes languedociennes à la fin du XIVe siècle», en: Élodie Lecuppre-Desjardin y Anne-Laure Van Bruaene (ed.), *Emotions in the Heart of the City (14th-16th century). Les émotions au cœur de la ville (*XIVe*-*XVIe *siècle)*, Turnhout, Brepols, 2005, pp. 83-92.

LANSING, Carol, *Passion and Order: Restraint of Grief in the Medieval Italian Communes*, Ithaca, Nueva York-Londres, Cornell University Press, 2008.

«LOS BARÓMETROS DEL ALMA». METEOROS Y SENSIBILIDADES, DE LA ILUSTRACIÓN AL ROMANTICISMO

ANOUCHKA VASAK

> ¡Oh, Julie! ¡Cuán fatal dádiva es del cielo un alma sensible! Quien la recibió sólo penas y quebrantos debe esperar en la tierra. Vil juguete del aire y las estaciones, regularán su suerte el sol o la niebla, el tiempo cubierto o sereno, y a merced de los vientos estará contento o triste.
>
> JEAN-JACQUES ROUSSEAU,
> *La nueva Eloísa*[1]

El «sentimiento de uno mismo» apareció con los primeros destellos del Siglo de las Luces. Al *cogito* cartesiano le sucedió otro descubrimiento, procedente del cuerpo y teorizado por la filosofía del siglo: el sensualismo, «Siento, luego existo». Marivaux lo dijo a su manera, menos física: «Sólo el sentimiento puede darnos noticias un poco fiables de nosotros mismos». Georges Vigarello ha demostrado que el cuerpo se fue convirtiendo progresivamente en el lugar de una atención nueva, pero también de patologías nerviosas inéditas.[2] Un mundo íntimo se abre y se oye, un mundo con su funcionamiento independiente y sus

[1] Trad. J. Abarchena, Barcelona, Imprenta de Oliva, 1836, p. 31. (*N. del T.*).

[2] Georges Vigarello, *Le sentiment de soi. Histoire de la perception du corps*, París, Seuil, 2014. [Existe traducción en español: *El sentimiento de sí. Historia de la percepción del cuerpo (s.* XVI*-s.* XX*)*, trad. Luis Alfonso Palau Castaño, Bogotá, Universidad Nacional de Colombia, 2017].

propios meteoros: «Aparecen ante los ojos nubecillas de diferentes colores que semejan arcoíris, o destellos rojos y brillantes», según describe el médico Joseph Raulin en su *Traité des affections vaporeuses du sexe.*[1] El alma, todavía cargada de metafísica, se verá reemplazada por el «sujeto», un nuevo concepto que, sin embargo, hay que reservar para los materialistas como Diderot. Pues el alma no ha desaparecido: en el caso de Rousseau, por ejemplo, es otra manera de referirse al «yo» (que no al «sujeto»). Pero ¿qué ha ocurrido? El alma, el yo, ha perdido su fundamento, su aplomo; se caracteriza por su inestabilidad, como las variaciones del tiempo meteorológico. Es lo que evidencia la literatura del yo, entre la Ilustración y el Romanticismo. Pronto, la escritura de lo íntimo encontrará su «lugar de meditación»,[2] al igual que la conciencia edificó el suyo entre los siglos XV y XVI, el *studiolo* o la torre de Montaigne, espacio privado del individuo liberado del claustro cristiano o la celda monástica. Este lugar de meditación, entre la Ilustración y el Romanticismo, será el diario. Aunque heredero de una tradición cristiana representada en Francia por el quietismo de madame Guyon, el género del diario íntimo nace, en su forma moderna, a principios del siglo XIX. En él, el autor consigna las variaciones de su alma, en la mayoría de las ocasiones dolorosas. La obra esencial de Pierre Pachet, *Les Baromètres de l'âme* (1992), describe los hitos de esta historia, la del «individuo moderno» que «aborda la individualidad no como una posesión, sino como una realidad inestable».[3]

[1] Joseph Raulin, *Traité des affections vaporeuses du sexe*, París, Jean-Thomas Hérissant, 1758, p. 6.

[2] Vigarello, *Le sentiment de soi*, *op. cit.*, p. 28.

[3] Pierre Pachet, *Les Baromètres de l'âme. Naissance du journal intime*, París, Hachette Littératures «Pluriel», 2001, p. 37.

Como Montaigne, «impropio para el discurso continuo»,[1] el yo se experimenta a partir de entonces en su inconstancia, su variabilidad, y es en la variación atmosférica, en los meteoros y sus cambios, donde encontrará el modelo de su inestabilidad. A este yo lo llamaremos «meteorológico».

EL ALMA BAROMÉTRICA

Jean-Jacques Rousseau no fue el primero en relacionar su alma con las variaciones del tiempo. El nexo entre el sujeto y el tiempo atmosférico tiene una historia. En el siglo XVII Pascal escribía en sus *Pensamientos*: «El tiempo y mi humor tienen poca relación. Mi niebla y mi buen tiempo se hallan en mi interior». Otros, como Théophile de Viau, por el contrario, establecían una correspondencia entre el clima y el humor, entre el exterior y el interior. Pero sólo en el siguiente siglo se manifiesta la expresión de una variabilidad íntima, «fatal presente», que el cielo inflige al alma sensible. En el libro IX de sus *Confesiones*, Rousseau esboza el programa de la «moral sensitiva», concebido hacia 1757 y destinado a orientar la variabilidad de nuestro ser. Imagina el sentimiento de inestabilidad relacionado con las circunstancias exteriores, entre las cuales se encuentra el tiempo atmosférico: «Los climas, los colores, la oscuridad, la luz, los elementos, los alimentos, el ruido, el silencio, el movimiento, el reposo, todo obra sobre nuestra maquinaria y, por consiguiente, sobre nuestra alma».[2] Su proyecto con-

[1] Joseph Joubert, *Pensées, Essais. Maximes et correspondance*, vol. 1, París, Imprimerie Le Normant, 1850, p. 88. (*N. del T.*).

[2] Jean-Jacques Rousseau, *Les confessions*, en: *Œuvres complètes*, t. 1, París, Gallimard, «Bibliothèque de la Pléiade», 1959, pp. 408-409. [*Las confesiones*, trad. Pedro Vances, Madrid, Espasa-Calpe, 1979, p. 349].

siste en encontrar un régimen moral susceptible de resistir a esas influencias que concibe como exteriores, con el fin de controlar las variaciones que afectan al alma como si fuera un juguete, régimen que se aplicaría a sí mismo. Pero Rousseau no llegaría a experimentar jamás con ese programa, pues ese mismo año, en una especie de significativa *mise en abyme*, le asaltarían otras tentaciones, al principio amorosas. Sin embargo, al final de su vida, regresó al programa, como dejándose llevar, en el informe diario de sus «ensoñaciones», a menudo transcritas en el reverso de algunos naipes durante sus paseos en busca de plantas. En la «Primera ensoñación», el paseante solitario establece un protocolo casi científico:

> En cierto aspecto haré sobre mí mismo las operaciones que hacen los físicos sobre el aire para conocer su estado cotidiano. Aplicaré el barómetro, y estas operaciones bien dirigidas y largo tiempo repetidas podrán proporcionarme resultados tan ciertos como los suyos.[1]

No obstante, Rousseau se detiene en la primera etapa, la del registro, pues los resultados le importan poco: «Me contentaré con llevar el registro de las operaciones sin tratar de reducirlas a sistema».[2]

¿Es Rousseau, por lo tanto, el inventor de los barómetros del alma? ¿Es el iniciador de un movimiento y un género que él no practica, el diario íntimo? Ni una cosa ni otra. El modelo meteorológico, esencialmente basado en el instru-

[1] Rousseau, «Première promenade», *Les rêveries du promeneur solitaire*, en: *Œuvres complètes*, t. 1, *op. cit.*, p. 1000. [*Las ensoñaciones del paseante solitario*, trad. Mauro Armiño, Madrid, Alianza, 2008, p. 31].

[2] [*Id.*].

mento del barómetro, parece casi un lugar común de la literatura subjetiva—correspondencias o diarios—entre la Ilustración y el Romanticismo, o, desde el punto de vista histórico, en el período de 1750 a 1830. En realidad, nuestra investigación no ha hecho más que empezar: algunos estudiosos, no sólo europeos, han identificado esta metáfora barométrica aplicada al «yo» en cierta literatura en lengua inglesa, por ejemplo en correspondencias privadas, como la del compositor y escritor Ignatius Sancho o la de Horace Walpole. El barómetro, más que el termómetro, es el instrumento metafórico adoptado: los datos que proporciona son más adecuados que la precisión cuantificada del termómetro, y materializa una tendencia (bueno, variable, tormenta) que sin duda concuerda con la variabilidad de la subjetividad. Aunque el barómetro, de vez en cuando, se transformará curiosamente en «biómetro», «neumatómetro» o «pasionómetro».[1]

EL DIARIO ÍNTIMO, ESCRITURA METEORO

Fue el filósofo Maine de Biran (1766-1824), aristócrata «esclarecido», próximo en su día a los «ideólogos»,[2] al que se

[1] Alex Wetmore cita una carta de Horace Walpole del 24 de octubre de 1758: «*I fear my passionometer will be susceptible of sudden changes*» ('Temo que mi pasionómetro será susceptible de cambios repentinos'), en: «Barometric Pleasure: Mercurial Selfhood and the Culture of Sensibility», *15th International Congress on the Enlightenment. 15ème Congrès international sur les Lumières*, Edimburgo, 14-19 de julio de 2019.

[2] Se llamó «ideólogos» a un grupo de pensadores e intelectuales de la Revolución francesa nacidos entre 1750 y 1760 que se inspiraron en Condillac. Entre ellos se contaban Destutt de Tracy, Cabanis, Garat y Laplace. (*N. del T.*).

considera uno de los fundadores de las ciencias humanas y la psicología moderna, quien se consagró a la reformulación y el intento de sistematización del proyecto de Rousseau. Escribió un diario durante toda su vida en el que consignó con dolor su humor inestable, su «variabilidad» innata, su «inestabilidad». Como escribió en 1794: «Confieso que nunca me he encontrado dos días seguidos en el mismo estado, nunca estoy igual por la mañana que por la noche: por eso no hay ninguna constancia en mis gustos ni en mis proyectos».[1] Y más adelante precisa: «Seguramente existe una influencia de la estación canicular en mis facultades orgánicas, intelectuales y morales. En estos tres aspectos me encuentro por debajo de mi nivel habitual: durante los tres o cuatro meses de verano experimento una gran inestabilidad nerviosa».[2] Este sentimiento de variabilidad íntima coincide con la forma discontinua del diario. Sin mencionarlo, es en Rousseau en quien piensa el filósofo, evocando sus propios «paseos solitarios» y, más dolorosamente que el autor de las *Ensoñaciones*, «esta desgraciada existencia [...] una serie de momentos heterogéneos sin ninguna estabilidad». El programa con el que Maine de Biran sueña, puesto que está escrito en condicional, es el de Rousseau, pero sistematizado: «Cada hombre debería estar atento a esos diferentes períodos de su vida, compararse consigo mismo en distintas épocas, guardar el registro de sus sentimientos concretos, de su manera de ser, observando los cambios en esos breves intervalos».[3] ¿Qué relación tiene esto con el tiempo atmosférico? Maine de Biran

[1] Maine de Biran, «Vieux cahier 1794», *Journal*, t. III: *Agendas, carnets et notes (1794-1824)*, ed. Henri Gouhier, Neuchâtel, La Baconnière, 1957, pp. 11-12.

[2] *Ibid.*, t. I, 1954, p. 13.

[3] *Ibid.*, t. III, p. 10.

aplica regularmente, con extrema sutileza, el barómetro a su alma—o el termómetro, pues son numerosas en su obra las menciones a la temperatura exterior—. En ocasiones, su humor está relacionado con el tiempo:

14 de marzo de 1813 Estoy de mal humor. El frío me provoca impaciencia.

14 de febrero de 1815 Frío, 3°. Niebla.

El cambio de temperatura influye en mis facultades físicas y morales de manera fastidiosa. Me encuentro en un estado de malestar y entumecimiento constante.

Puede suceder que la coincidencia sea beneficiosa, como ocurre el 6 de septiembre de 1815: «Mucho frío. El cambio de temperatura influye felizmente en mi manera de ser y me da más confianza y fuerza». A veces las dos esferas, el tiempo exterior y el interior, parecen impermeables. Pero la observación sistemática de la segunda revela una «concepción meteorológica del alma» (Pierre Pachet). En el caso de Maine de Biran a menudo resulta imposible distinguir entre uno y otro: el «cielo sereno, fresco», el «frío neblinoso», el «tiempo sombrío»—adjetivos de entrada puramente sensibles—traducen la permeabilidad de las dos esferas.

A partir de ahí, para Maine de Biran el diario se convierte en una especie de sismógrafo íntimo, ante todo para deplorar la «vaguedad», el «vacío», el «desorden» de su existencia. Sería tentador reducir esta atención escrupulosa a una idiosincrasia, una manera propia del autor de *Mémoire sur la décomposition de la pensée*, y considerarla como el síntoma de una patología nerviosa. Pero su proyecto es moral y filosófico. Maine de Biran se esfuerza por llevar metódicamente a la práctica el programa de Rousseau, con la ayuda de un instrumento que su inventor, Marc-Antoine Jullien (1775-1848), más que barómetro, llama «termómetro para medir el empleo del tiempo» o incluso «biómetro». Se trataba de agendas que se pusieron a la venta en 1813 y consistían en libretas y tablas que debían rellenarse cotidianamente:[1] también llamadas «memoria horaria» o «biómetro», fueron concebidas a partir del modelo de las tablas meteorológicas, por ejemplo de la Royal Academy, la Sociedad Palatina de Mannheim o el padre Louis Cotte.

Marc-Antonie Jullien, cuyo itinerario ideológico es complejo, pero también característico del período (primero seguidor de Robespierre, luego de Napoleón, finalmente objeto de las sospechas de este último), fue también pedagogo y promotor del método educativo de «instrucción mutua». Sus agendas revelaban esta tendencia a la pedagogía y se beneficiaron de una difusión que prácticamente las acercó al «gran público». La agenda de 1815 comprende así las siguientes rúbricas: «Revisión del mes», «Revisión general y resumen del año», seis «Memorias» particulares destinadas a consignar los gastos, los encuentros, las correspondencias, las lecturas, así como un «Depósito mnemónico, para la vida de la memoria y la imaginación». El tiempo meteorológico es un criterio importante, tal como aparece en la «Noticia explicativa detallada» bajo la forma de abreviaturas muy específicas: «b.c. *beau ciel*» ('cielo despejado'), «c.c. *ciel couvert*» ('cielo cubierto'), «p.c. *pluie continue*» ('lluvia continua'), «t.d. *température douce*» ('temperatura suave'), «s. *soleil*» ('sol'), «o. *orage*» ('tormenta'), etcétera.

[1] Marc Antoine Jullien, *Mémorial horaire ou Thermomètre d'emploi du temps*, Milán, Imprimerie royale, 1813.

Asimismo, el biómetro invita a utilizar abreviaturas para anotar la evolución del individuo en el ámbito «moral» de su existencia: la mejora (*p* o *b* para *bueno*), el estancamiento (*s* o *m* para *mediocre*) o la desviación (*d* o *n* para *nigrum*, 'malo'). Jullien asegura que esta disciplina deviene, «a la larga, un verdadero curso práctico de higiene, moral, desarrollo intelectual e instrucción, así como de vida social y conocimiento del mundo y de los hombres».[1]

Maine de Biran se atuvo a esta disciplina por lo menos durante el año 1815. Se trataba de una tentativa, ciertamente no aislada, de controlar las variaciones de una subjetividad percibida como inestable y móvil, a imagen y semejanza de la existencia: «Nuestra existencia es sucesiva y no puede concebirse de otro modo». Es un esfuerzo inútil, pero revela que los fundamentos del sujeto clásico, el de Descartes o La Bruyère, estaban empezando a desmoronarse.

Otro escritor del período, Joseph Joubert, se dedicó a registrar todas las variaciones de la subjetividad. Sus *Carnets* no son un «diario íntimo»: los aforismos de Joubert, sus notas elípticas y a veces herméticas lo inscriben también en la tradición de los moralistas del siglo XVII. Sin embargo, la escritura de Joubert procede de la misma meteorología íntima: «El pensamiento se forma en el alma como las nubes en el aire».[2] Y la escritura es para él ese «neumato-metro» cuya invención requiere para la música. Quizá para conjurar el sentimiento de escapar constantemente a sí mismo, Joubert sueña con una escritura meteoro, en el mismo cielo, cielo astronómico, ordena-

[1] *Ibid.*, p. 451.

[2] Joseph Joubert, *Carnets*, 2 vols., París, Gallimard, 1994. [Existe edición parcial en español: *Pensamientos*, trad. Manuel Serrat Crespo, Barcelona, Península, 2009].

do, y no meteorológicamente variable: «Quisiera que los pensamientos se sucedieran en un libro como los astros en el cielo, con orden y armonía, pero también con fluidez y a intervalos, sin tocarse, sin confundirse» (1.º de agosto de 1800).[1]

Maurice de Guérin (1810-1839), en su diario *Le Cahier vert*, dio un paso más allá. En su caso, es como si no existiera frontera alguna entre el yo y el tiempo meteorológico, entre el interior y el exterior, entre lo propio y lo figurado. Su escritura es literalmente meteorológica:

> *10 de diciembre de 1834* ¿Quién no se ha sorprendido al mirar cómo se desplazan en el campo las sombras de las nubes del verano? Lo mismo estoy haciendo yo al escribir. Miro cómo se desplazan sobre el papel las sombras de mis imaginaciones, copos dispersos constantemente barridos por el viento.[2]

Maurice de Guérin no intenta en absoluto aplicar el barómetro a su alma, ningún control parece posible en adelante. Como escribe Pierre Pachet: «En el caso de Guérin, el alma está como desprovista de envoltura, ninguna osamenta la sostiene».[3] Cuanto más se abre al mundo en un movimiento de expansión, más «se contrae y se cierra sobre sí misma como una hoja estremecida por el frío» (2 de agosto de 1834).[4] En el mismo período, Kaspar Hauser, contemporáneo casi exacto de Maurice de Guérin, descu-

[1] *Ibid.*, pp. 136-137.

[2] Maurice de Guérin, *Le Cahier vert*, en: *Poésie*, Gallimard, 1984, pp. 160-161. [Existe traducción en español: *El cuaderno verde*, trad. Jorge Esquinca, Ciudad de México, Universidad Veracruzana-Ediciones Sin Nombre, 2006].

[3] Pachet, *Les Baromètres de l'âme*, *op. cit.*, p. 96.

[4] Guérin, *Le Cahier vert*, *op. cit.*, p. 153.

bre el mundo como un fuerte viento que le golpea en pleno rostro. Alteridad radical de los meteoros para este «hijo de la noche», que los compara con los seres vivos:

> Un día que el viento se llevó una hoja de papel de su mesa, dijo que ésta se había precipitado al suelo, y cuando le repusieron que había sido el viento el que la había arrastrado lamentó que el viento hiciera semejantes cosas, tomando al viento por un ser personificado.[1]

Aunque Kaspar Hauser sea, en este sentido, un reflejo invertido de Maurice de Guérin, que se identificaba espontáneamente con los meteoros, ambos encontraron en la escritura íntima esa identidad narrativa[2] presta a expresar una subjetividad frágil, vacilante o «extenuada».[3]

¿Cabe reconocer aquí, por íntimos y diversos que sean estos textos, un movimiento general de la subjetividad occidental? ¿Será capaz el historiador de extraer alguna conclusión? ¿Cómo se ha convertido el sujeto en esta alma sensible, «vil juguete del aire y las estaciones»? Es

[1] Georg Friedrich Daumer, «Notifications sur Kaspar Hauser», en: Jochen Hörisch (ed.), *Écrits de et sur Kaspar Hauser*, trad. Jean Torrent y Luc Meichler, París, Christian Bourgois, 2003, p. 368; citado por Hervé Mazurel en *Kaspar l'obscur ou l'enfant de la nuit. Essai d'histoire abyssale et d'anthropologie sensible*, París, La Découverte, 2020, p. 99.

[2] Paul Ricœur, *Temps et récit*, 3 vols., París, Seuil, 1985 [existe traducción en español: *Tiempo y narración*, 3 vols., trad. Agustín Neira, Ciudad de México, Siglo XXI, 1995-1996]; citado por Hervé Mazurel en *Kaspar l'obscur ou l'enfant de la nuit*, *op. cit.*, p. 223.

[3] Philippe Lacoue-Labarthe y Jean-Luc Nancy, *L'absolu littéraire. Théorie de la littérature du romantisme allemand*, París, Seuil, 1972, p. 44. [Existe traducción en español: *El absoluto literario. Teoría de la literatura del romanticismo alemán*, trad. Cecilia González y Laura Carugati, Buenos Aires, Eterna Cadencia, 2012].

posible ensayar algunas hipótesis, pero ninguna universal ni unívoca.

Para empezar, existiría una explicación sociológica: la multiplicación de los diarios íntimos en los diferentes medios sociales, sobre todo en los burgueses y cultivados, siendo ésta una práctica frecuente sobre todo entre las mujeres jóvenes. Es Judith Lyon-Caen quien propone este análisis, y quien precisa que, no obstante, «las almas no dejan de existir sin "barómetros", diarios o papel de carta».[1] Ni el yo meteorológico.

El *Journal* de Lucile Desmoulins surgió, sin duda, de esta práctica de escritura característica de las clases privilegiadas desde finales del siglo XVIII. Pero las sorprendentes páginas que nos legó la joven esposa de Camille Desmoulins autorizan otra explicación, por lo menos para la Francia del período revolucionario. Lucile Desmoulins, cuyo *Journal* contiene menciones meteorológicas explícitas, como la que se refiere a la tempestad del 13 de julio de 1788, es ese cuerpo atrapado en la historia, atravesado por otras tempestades como la Revolución.

Ciertos escritores preferirán dar la espalda a la tormenta. Esta respuesta, que puede considerarse ya romántica, fue la de Joseph Joubert: «La Revolución ha alejado a mi espíritu del mundo real, haciéndomelo demasiado horrible».[2] Las *Rückenfiguren* de Caspar David Friedrich, sea una mujer frente a una puesta de sol o un viajero sobre un mar de nubes, harán visible y sublime esta elección.

Finalmente, puede sugerirse otra explicación de tipo an-

[1] Judith Lyon-Caen, «Le "je" et le baromètre de l'âme», en: Alain Corbin, Jean-Jacques Courtine y Georges Vigarello (ed.), *Histoire des émotions*, vol. 2: *Des Lumières à la fin du XIXe siècle*, París, Seuil, 2016, p. 188.

[2] Joubert, «25 mars 1802», *Carnets*, vol. 1, *op. cit.*, p. 458.

tropológico: la de una ruptura del ser humano con la naturaleza. Pero, como escribe Charles-François Mathis: «Aunque este distanciamiento revela al hombre las insospechadas virtualidades emotivas de los paisajes naturales, también conlleva un sufrimiento en el que se basará la totalidad del movimiento romántico europeo».[1] El yo meteorológico, ese otro nombre del «sujeto moderno», a partir de entonces sin anclaje ni fundamento, forma parte de esta historia. En la literatura, y sobre todo en los diarios íntimos, el tema está muy presente. Pero en la pintura, a menudo, retrocede un paso y se oculta para mostrarnos el cielo mismo en sus variaciones. Delacroix o Turner se cuentan entre los primeros en atreverse a intentar plasmar nuestra condición meteorológica.

[1] Charles-François Mathis, «Comme un archet qui jouait sur mon âme: l'individu face au paysage», en: Corbin, Courtine y Vigarello (ed.), *Histoire des émotions*, vol. 2, *op. cit.*, p. 376.

ESCRIBIR LO ÍNTIMO: EL VÍNCULO SENTIMENTAL EN LAS CORRESPONDENCIAS CONYUGALES DE LA PRIMERA GUERRA MUNDIAL

CLÉMENTINE VIDAL-NAQUET

La primera carta que Césarine Pachoux escribió a su marido, el 5 de septiembre de 1914, un mes después de su movilización, puede parecer muy árida a simple vista: después de informar sobre la venta de cerdos, la compra de harina de maíz, el pago de impuestos o la cosecha de patatas, la agricultora le envía «afectuosos saludos» y acaba la carta con un lacónico «Pienso en ti». Nada que ver con las efusiones amorosas de otra remitente, Lily R., que el 7 de agosto de 1914 dirige a su marido—humilde fabricante de cartón al que llama «queridito Geogeo», «tesoro», «cariño» o «amor»—una carta muy afectuosa de quien «te quiere más que nada en el mundo y te extraña día y noche». A la frialdad o la contención emocional de Césarine se opone el desbordamiento sentimental de Lily. Dos primeras cartas dirigidas por dos mujeres a sus cónyuges recién movilizados, dos modos muy distintos de manifestar el vínculo que los une: la primera es poco efusiva, se centra en las cuestiones materiales que rigen la vida en la retaguardia; la segunda es pura declaración de afecto, pura efusión sentimental. En el primer caso, podríamos estar tentados de extraer conclusiones, demasiado precipitadas, sobre la débil intensidad de los sentimientos amorosos; en el segundo, sobre sus excesos. En cualquier caso, ambas invitan a plantear la cuestión principal: la pobreza de los afectos expresados, ¿significa también pobreza de sentimientos? Y a la inversa, ¿coincide la profusión de declaraciones amorosas con la intensidad del amor tal como se vive? Sin que resulte necesario saber nada aún sobre quienes las escribieron, ni sobre su familiaridad con la escritura, el peligro que corrían realmente sus respectivos maridos o lo que pudiera formar parte de su imaginario amoroso, estas cartas también plantean otros interrogantes. ¿Una situación de paroxismo debe conducir necesariamente a la expresión paroxística de los sentimientos? O, dicho de otro modo, en el caso del primer conflicto mundial, ¿la violencia extrema que estalló en 1914 pudo provocar ineluctablemente en las parejas separadas por la guerra una explosión visible de afectos y sentimientos amorosos, en consonancia con la angustia de la pérdida?

Resulta obligado constatar que la guerra constituye, para el historiador/a deseoso/a de analizar la fábrica de los sentimientos, una puerta de entrada privilegiada, si no una oportunidad incomparable. El tiempo del conflicto, en efecto, es fecundo en la producción de egodocumentos: cuadernos de los soldados, diarios íntimos, correspondencias. Las intimidades silenciosas en la vida ordinaria de los tiempos de paz se vuelven repentinamente visibles. En Francia cinco millones de parejas separadas por la guerra se vieron obligadas a proseguir por escrito sus relaciones conyugales. Los avances en alfabetización, tras las leyes de Jules Ferry, habían permitido que todos los medios sociales estuvieran en condiciones de intercambiar cartas, aunque para unos fuese una escritura balbuceante y para otros, más firme y segura. Así, en Francia, cinco o seis millones de cartas circularon cotidianamente, durante la totalidad de la guerra, entre el frente y la retaguardia. De hecho, la movilización masiva de los hombres tuvo un doble efecto en la correspondencia. Por una parte, provocó una inflación inédita en el número de misivas intercambiadas. Por otra, democratizó la escritura epistolar. Si bien no han podido conservarse todas las correspondencias producidas en el período, el inmenso éxito de las operaciones de recuperación que organizaron entre 2014 y 2018 los Archivos Nacionales, la Mission du Centenaire de la Grande Guerre y la Bibliothèque Nationale evidenciaron que muchas familias francesas seguían conservando en sus casas vestigios de este tipo de textos íntimos. Pese a tratarse de fuentes prolíficas, las cartas que han llegado hasta nosotros no dejan de ser fragmentarias. Las que se han conservado provienen, en su mayoría, de personas cultas, de las capas sociales más acomodadas y de familias que trabajaban en la agricultura o el artesanado. No ocurrió lo mismo con aquellas que procedían de jornaleros u obreros agrícolas e industriales. La conservación de paquetes de cartas a veces voluminosos es la consecuencia de dos factores: la importancia concedida a la palabra escrita, que permite medir el valor simbólico de las correspondencias, y la posesión de una propiedad, de un espacio para conservarlas. En el caso de las cartas que intercambiaron parejas, hay que añadir un tercer factor de conservación: las correspondencias accesibles pertenecen a personas que experimentaban una forma de compromiso mutuo, lo que explica que las cartas que las componen hayan sido conservadas al menos por uno de los correspondientes. Las cartas de parejas rotas por el conflicto constituyen, en consecuencia, una parte marginal en el seno del corpus disponible, que pese a todo permite estudiar la expresión del vínculo conyugal e íntimo durante la guerra.

Detengámonos un instante en la noción de lo íntimo. «No existe intimad en solitario. Necesariamente tengo intimidad *con*», afirma François Jullien.[1] También para Michaël

[1] François Jullien, *De l'intime. Loin du bruyant amour*, París, Grasset, 2013, p. 31. [Existe traducción en español: *Lo íntimo. Lejos del rui-*

Fœssel «lo íntimo es un concepto relacional».[1] Y François Laplantine añade: «La formación de la intimidad no es estructural. Tiene un carácter procesual» y presupone «el trabajo del tiempo».[2] Así, lo íntimo en sí no es nada: se construye siempre en una relación, y a lo largo del tiempo. Las correspondencias que intercambiaron durante el conflicto las parejas separadas reúnen pues las condiciones de elaboración de lo íntimo y, para el historiador/a, las de su exploración: en la interacción epistolar, y en la gran cantidad de tiempo que duró la guerra, se reforzaron y expresaron los vínculos conyugales, incluso en ocasiones el sentimiento amoroso. Además, las parejas concebían las cartas como un espacio privilegiado para la confidencia individual. Sin embargo, sobre todo en la retaguardia, a menudo las leía el círculo familiar, que esperaba noticias del soldado. Pero la lectura era selectiva y dejaba de lado las misivas o los pasajes en los que el amor y el deseo se hacían demasiado explícitos. De modo que el gesto de compartir la carta era también, paradójicamente, el del secreto: permitía a las parejas preservar una relación exclusiva, salvaguardar un lugar apartado, prueba de la pervivencia de la intimidad a pesar de la distancia. Si, como recuerda François Jullien, lo íntimo asocia «el *aislamiento* y el *intercambio*»,[3] la carta es el lugar de su expresión.

En cuanto al conflicto, en el caso de las parejas estudiadas, constituye una *prueba* sentimental en el doble sentido

---

doso amor, trad. Silvio Mattoni, Buenos Aires, El cuenco de plata, 2016].

[1] Michaël Fœssel, *La privation de l'intime*, París, Seuil, 2008, p. 13. [Existe traducción en español: *La privación de lo íntimo. Las representaciones políticas de los sentimientos*, trad. Jordi Terré, Barcelona, Península, 2010].

[2] François Laplantine, *Penser le sensible*, París, Pocket, 2018, p. 78.

[3] Jullien, *De l'intime*, *op. cit.*, p. 29.

del término. Por una parte, las limitaciones impuestas por el alejamiento revolucionan la relación afectiva, la confrontan con la adversidad. Por otra, la distancia les hace a veces apreciar mejor el vínculo que los une; la guerra, entonces, permitiría poner a prueba sus lazos afectivos. Igualmente, muchos de los correspondientes subrayan que la larga duración del conflicto y la separación intensifican los sentimientos experimentados, algo que relacionan no sólo con la distancia, sino también con el contexto de violencia y el riesgo de separación definitiva. Frente a la inminencia del peligro, la percepción de la relación conyugal se transforma: «Creo que no supe apreciar la belleza de la vida anterior a esta terrible guerra. Nos quejábamos, nos lamentábamos. Y ahora que todo nos es hostil, vemos que en ese pasado éramos muy felices», escribe Émilie Louïse a su marido Albert, médico, tras la partida de éste a los Balcanes en 1915. «Me parece que esta prueba nos ha unido aún con más fuerza y nos acerca todavía más», señala Anatole Durant en 1917, tras tres años de separación. El campesino Paul Pireaud, por su parte, se muestra sorprendido en enero de 1918: «No sé por qué, pero ni siquiera en la época en que hacíamos el amor me sentí tan locamente enamorado ni tan lleno de deseo como ahora». El paso a la escritura, que favorece el intercambio, estimula el desarrollo del sentimiento amoroso: la carta, al evocar el amor y el deseo, también los provoca. Pero si el aprendizaje epistolar en la escuela, los manuales y las novelas sentimentales alientan la expresión de los sentimientos, la del deseo físico toma caminos menos trillados. Como señala Alain Corbin: «La literatura novelística […] nos dice muy poco del lecho conyugal».[1] Para las parejas separadas por la gue-

[1] Alain Corbin, *L'harmonie des plaisirs. Les manières de jouir du siècle*

rra, y más aún para las que se decidían a escribir tomando la pluma por primera vez, no existían modelos epistolares que pudieran facilitar la expresión erótica. Y, puesto que era una novedad absoluta para un gran número de correspondientes, la formulación escrita del deseo sexual supuso una inmensa dificultad. En ciertas cartas aflora púdicamente: sobrentendidos, vacilaciones, palabras omitidas y postales picantes permiten desvelar, poco a poco, las carencias sexuales, que en otros casos aparecen de maneras más serenas. Yvonne Retour, una mujer de buena familia de la provincia normanda, se atreve, a medida que transcurre la guerra, a liberarse del pudor implícito en una relación caracterizada por el intercambio espiritual. En diciembre de 1914, sorprendiéndose de su propia osadía, escribe a su marido Maurice: «Te deseo tanto que a veces me avergüenza». Dos meses más tarde, tras numerosos y tiernos intercambios, adquiere seguridad en sí misma y se ve con fuerzas para afirmar: «Te adoro y ya no me avergüenza decirte cuánto te deseo». Es cierto que otras correspondientes no se andan con rodeos, como Louisette en esta carta a su Dédé, fechada el 8 de julio de 1916:

> Mil besos de ardiente amor por todo tu cuerpo adorado que tanto me gustaría sentir contra el mío para decirte una vez más cuánto te amo, mi maridito querido, y cuántas veces pienso en esas noches de amor que nunca olvidaré, ¿cuándo reviviremos esos momentos de felicidad, mi amorcito querido?

En todos los casos, la separación de las parejas vuelve imposible la satisfacción del deseo conyugal más allá de los permisos, pero esta limitación lleva a escribir masivamente

---

des Lumières à l'avènement de la sexologie, París, Perrin, 2007, p. 438.

alrededor de o *sobre* la sexualidad. En este sentido, las correspondencias nos dan acceso a prácticas sexuales fantaseadas. Resulta evidente, pues, que la posibilidad de compartir lo íntimo debe mucho a la distancia: al obstaculizar el cara a cara más directo, la ausencia favorece las revelaciones. La escritura, finalmente, es activa: las cartas son el lugar en el que se fabrican los afectos. Resulta imposible discernir, sin embargo, si los correspondientes experimentan efectivamente los sentimientos y el deseo con la misma intensidad con que los describen. Pero ¿supondría ir demasiado lejos imaginar que, si bien durante cuatro años las parejas no siempre escribieron lo que sentían, quizá sí fueron experimentando poco a poco lo que escribían?

No obstante, en la mayoría de cartas sólo se menciona la necesidad de afecto mediante las fórmulas convencionales destinadas a concluir las misivas, pocas aluden a la frustración sexual y el deseo erótico, y también es escasa la proporción de cartas exclusivamente consagradas a describir el afecto. Lo esencial, sin duda, está en otra parte: en lo indispensable, en lo necesario. Es decir, en lo prosaico. El primer objetivo de las correspondencias conyugales se concentra, en efecto, en la gestión de los asuntos cotidianos. De hecho, ciertos combatientes, sin duda para sentirse unidos a lo que han dejado atrás, exigen obtener por correspondencia la totalidad de los detalles concernientes a su vida anterior. Así, Antoine Martin expresa su necesidad de saber «un poco de todo, incluso de las cosas sin importancia». Sus esposas, por su parte, se dedican a explicar los acontecimientos del día a día que dan forma a su vida cotidiana: el comportamiento y los progresos de los niños, la marcha de la economía, el estado de las cuentas, la salud de los padres, las noticias del pueblo o del barrio, las novedades familiares, la preparación de paquetes con especialidades de la región, ropa de abrigo o dulces… Es lo que Roland Dorgelès califica de «superfluo» y Henri Barbusse llama «ordinario». Las cartas, pues, recurren a lo cotidiano compartido en tiempos de paz y materializan el vínculo que perdura en la separación. ¿De qué otro modo podría explicarse que Armandisse enviara a su marido Armand, que estaba en las trincheras, un pollo crudo, aunque acompañado de una receta? ¿O que le exigiese «no olvidar la fiesta de [su padre]», por mucho que «las fiestas son una tontería, pero a los viejos les gustan»?

De lado a lado del frente, las parejas viven situaciones irremediablemente distintas que se esfuerzan por compartir: las mujeres, inmersas en una soledad inédita, se ven enfrentadas a nuevas responsabilidades, a menudo agotadoras; los soldados, que se sienten impotentes por no poder ayudarlas, descubren una nueva vida cotidiana en el seno de sus compañías, así como las inclemencias de la vida en las trincheras, sufriendo la espera del ataque, la exposición al fuego enemigo, la brutalidad extrema de un conflicto en el que se emplean armas modernas muy letales, y convirtiendo el azar en su única estrategia de supervivencia. En este contexto, sólo el recurso a lo banal parece permitir el acercamiento entre dos cotidianeidades, así como la pervivencia del lazo conyugal.

Afirmar que lo ordinario estructura las relaciones conyugales, sin embargo, no significa que la violencia desatada en el frente, de la cual los soldados participan o son testigos, desaparezca de las correspondencias. En los centenares de cartas intercambiadas, aunque los combatientes intenten tranquilizar a sus esposas, suavizar su terrorífica experiencia en el frente o evitar la censura del control postal, no pasan por alto la guerra que están viviendo, su violencia ni sus peligros. Los cadáveres descuartizados, el olor pestilente de los cuerpos en descomposición, las poblaciones destruidas o las heridas infligidas atraviesan incluso las cartas más tiernas. En cuanto a la posibilidad de morir, su omnipresencia la delata sobre todo la constancia con que las parejas invocan la certeza del retorno e imaginan un futuro en común, pues la obsesión por la supervivencia, lejos de testimoniar que no se contempla la posibilidad de morir, es más bien el signo de su ineludible presencia.

Las correspondencias en tiempos de guerra, pues, se mantienen en una tensión constante entre lo trágico y lo ordinario. Ambas dimensiones, *a priori* antagónicas, conviven simultáneamente. En los centenares de cartas intercambiadas, la violencia del frente coexiste con informaciones que, en comparación, parecen de muy poca intensidad. La larga duración de la separación altera la banalidad de la vida conyugal, y las cartas dan testimonio de una vida cotidiana profundamente transformada por la experiencia de la guerra que, sin embargo, comparten a distancia las parejas. En las palabras que se intercambian, pues, se alternan lo que queda de la vida cotidiana anterior a la guerra y lo que surge con la aterradora novedad del conflicto. Frente a los trastornos que la guerra provoca en los límites de la existencia, las cartas cotidianas suponen un indispensable apoyo moral, y lo ordinario, recurso fundamental de la vida conyugal, se convierte en un refugio. Ello explica que en julio de 1915 Germain Cuzacq escriba a su esposa Anna: «Hay muertos de ambos bandos entre las trincheras que ni ellos ni nosotros podemos enterrar. Algunos llevan ahí quince días, así que imagínate los aromas que respiramos, es casi insoportable». Y, sin transición, añade: «Uno de mis camaradas de Saint-Julien-en-Born ha recibido un jamón y hemos podido hacernos una tortilla».

Finalmente, las correspondencias conyugales en tiempos de guerra se articulan alrededor de dos mecanismos principales. En primer lugar, el intercambio íntimo es dinámico: la interacción epistolar lo actualiza sin cesar. Así, la expresión de los sentimientos se somete, de carta en carta, a constantes reevaluaciones. Aunque se reclame sinceridad de una y otra parte—ya se trate de noticias funestas relativas a la retaguardia o de la violencia desplegada en el frente, de altibajos morales o angustias sufridas—, lo decible se elabora y se construye poco a poco. Las parejas erigen modos de comunicación cuyos umbrales del pudor se renegocian continuamente. Así ocurre, por ejemplo, en la correspondencia que intercambian el agricultor Léon Plantié y su esposa Madeleine. Desde agosto de 1914, el soldado no duda en evocar su deseo, imponiendo así el tono de una correspondencia en la que el amor, la añoranza y las fantasías sexuales resultan omnipresentes: «Acabo de llegar de una marcha, que habría podido ser un bonito paseo de haberlo hecho junto a ti, en medio de los olivos, los abetos y las montañas, no te imaginas, querida mía, qué sitios magníficos para hacer el amor…», escribe en agosto. Luego anima a su mujer a escribir más, a que también se confíe a él, a que exprese sus afectos con mayor libertad. En febrero de 1916, al tiempo que las cartas de Madeleine son cada vez más frecuentes y tiernas, acaba enviándole a su marido una postal erótica. Léon rechaza el envite y le devuelve el envío:

> Quiero pensar que si me hubieras visto sufrir como todos estos desgraciados […] no me la habrías enviado, porque de lo contrario lo tuyo sería imperdonable, en estos momentos no estamos para reír ni bromear, y ya te digo que realmente sería un insulto.

En las siguientes cartas, aunque siempre afectuosas, Madeleine ya no se plantea ir más allá de lo aceptable.

En segundo lugar, dada la larga duración de la guerra, el hecho de compartir la intimidad toma dos direcciones contradictorias y a veces concomitantes: sofocarla o profundizar en ella. Por una parte, el aburrimiento, la monotonía cotidiana, a los que debe añadirse la exigencia de regularidad y frecuencia de la correspondencia, agotan la inspiración epistolar: «Qué quieres qué te cuente si es siempre lo mismo, que no se ve nada más que obuses cayendo de todas partes a derecha, izquierda, atrás y delante», confiesa Henri Stévant. Y el maestro Jean Déléage, tras un año de intercambios epistolares con su mujer Louise, da cuenta del agotamiento del registro amoroso: «Por más que me devane los sesos nada me sale de la cabezota; ya ni siquiera es posible conjugar el verbo *amar*, ¿no crees?». Por otra parte, algunos correspondientes que empezaron a escribir durante la guerra descubrieron la introspección. Césarine Pachoux, cuya primera carta era tan austera, se complace poco a poco en contar a su marido sus sueños, esperanzas, anhelos e insatisfacciones. A distancia, y por correspondencia, *aborda* sus deseos, se *reencuentra* con su marido y, de este modo, está *cerca*:

> Estar uno al lado del otro no es estar «cerca». El otro puede haberse convertido en alguien familiar, pero no íntimo [...] cada uno puede haber estado al lado del otro sin haberse «encontrado» nunca. Se cruzan, pero puede que durante toda su vida nunca se hayan *acercado*.[1]

¿Ofrece el tiempo de guerra, *in fine*, un acceso privilegiado a la intimidad de los actores que lo atraviesan? Confesemos, para terminar, una expectativa que se ha visto de-

[1] Jullien, *De l'intime*, *op. cit.*, p. 31.

fraudada: yo creía que el estallido de la guerra supondría necesariamente la irrupción desordenada de sentimientos. Sin embargo, lejos del abandono y las confidencias exacerbadas que esperaba encontrar, la mayoría de las cartas conyugales que se escribieron entre 1914 y 1918 se parecen entre sí: a menudo son banales, repetitivas, apegadas a lo prosaico y, en la mayoría de los casos, parcas en efusiones. Pero ¿dónde se sitúa la intimidad, si es que algo así puede circunscribirse, en esas cartas? «El amor es exclamativo, superlativo, pero la intimidad vive en la sombra y en silencio»,[1] afirma François Jullien. Y François Laplantine subraya: «La intimidad apenas puede expresarse a bombo y platillo. No casa con lo grande, lo grandioso ni lo grandilocuente, ni con la arquitectura monumental. La estética de la intimidad no busca la nada, sino lo ínfimo».[2] Estos análisis permiten arrojar nueva luz sobre la textura de los intercambios conyugales, donde la intensidad de los sentimientos expresados resulta muy variable, por mucho que se estructuren desde la banalidad. Así pues, la intimidad debería cifrarse menos en la expresión del deseo que en las pequeñas cosas, así como en la existencia misma de un intercambio cotidiano que reactualiza el vínculo constantemente. En las cartas intercambiadas durante la guerra habría sido tentador detenerse más en quienes, a lo largo de su correspondencia o en una sola misiva, se apartaban de la norma y expresaban más claramente sus efusiones, su añoranza y sus angustias. Es decir, habría resultado tentador crear artificialmente un espejo deformante que permitiera satisfacer las expectativas de quien, a un siglo de distancia, leyera esos intercambios epistolares para confirmar la idea

[1] *Ibid.*, p. 203.

[2] Laplantine, *Penser le sensible*, *op. cit.*, pp. 86-87.

de que el estallido de la guerra también habría dado lugar a un estallido afectivo. De hecho, en mis primeras lecturas de las cartas conyugales, buscaba la palabra tierna, la efusión lacrimógena, el párrafo ampuloso, las manifestaciones de angustia. Buscaba a quienes, al expresar más, parecían sentir más. Aún no había entendido que el misterio estaba en otro lugar: en la monotonía de esas cartas anodinas que nos permite acercarnos, más que cualquier efusión, a la construcción epistolar de los vínculos íntimos en tiempos de guerra.

BIBLIOGRAFÍA

COUDREUSE, Anne, y Françoise Simonet-Tenant, *Pour une histoire de l'intime et de ses variations*, París, L'Harmattan, 2009.

DAUPHIN, Cécile, Pierrette Lebrun-Pézerat y Danièle Poublan, *Ces bonnes lettres. Une correspondance familiale au XIX*[e] *siècle*, París, Albin Michel, 1995.

FARGE, Arlette, y Clémentine Vidal-Naquet (ed.), «Les paradoxes de l'intime», *Sensibilités. Histoire, critique et sciences sociales*, n.º 6, noviembre de 2019.

VIDAL-NAQUET, Clémentine, *Couples dans la Grande Guerre. Le tragique et l'ordinaire du lien conjugal*, París, Les Belles Lettres, 2014.

—, «Écrire ses émotions. Le lien conjugal dans la Grande Guerre», *Clio. Femmes, Genre, Histoire*, n.º 47, 2018, pp. 117-137.

PERSPECTIVAS

LA HISTORIA, ESE VIAJE EN EL TIEMPO

ENTREVISTA CON ALAIN CORBIN

HERVÉ MAZUREL: Si Lucien Febvre desempeñó un papel trascendental en el advenimiento de una historia de la vida afectiva (en la cual veía una forma de psicología histórica),[1] a usted, querido Alain Corbin, le corresponde haber rebautizado ese dominio y convertido la historia de las sensibilidades en un campo de estudios hoy particularmente vivo y mucho más extendido que antes. ¿En qué momento comprendió que también era posible convertir lo sensorial en un objeto histórico de pleno derecho?

ALAIN CORBIN: Ha aludido usted a Lucien Febvre, que ha sido muy importante para mí. En 1954-1955, cuando yo tenía diecinueve años, Michel de Boüard, profesor de Historia Medieval, nos aconsejó leerlo. Fue un amor a primera vista. Junto con uno de mis condiscípulos, nos dijimos que ése era el tipo de historia que debíamos hacer. El problema residía en que los consejos impartidos por Lucien Febvre—y luego por Robert Mandrou y, a su manera, Alphonse Dupront y Georges Duby—no habían tenido consecuencias. Dejando aparte algunas fórmulas muy repetidas sobre la ausencia de una historia de la alegría o sobre las maneras concretas de oler que caracterizaban a los hombres del siglo XVI, Lucien Febvre no escribió ninguna obra que desarrollara

[1] Lucien Febvre, «Psychologie et histoire» [1938] y «La sensibilité et l'histoire. Comment reconstituer la vie affective d'autrefois?» [1941], en: *Combats pour l'histoire* [1953], París, Armand Colin, 1992.

sus propias intuiciones. *Combats pour l'histoire* seguía siendo el planteamiento de una serie de pistas. En aquel tiempo, los «mandarines» que regían la vida académica y controlaban la historia contemporánea se mostraban ajenos a las perspectivas de la psicología histórica, y eso duró mucho tiempo. Desde que fui capaz—y no soy el único, ni mucho menos—, intenté hablar del modo en que las maneras de recibir los mensajes sensoriales podían ser objetos históricos.[1] Seis años más tarde, un artículo sobre la historia de la antropología sensorial me proporcionó la ocasión de retomar y leer a Constance Classen y David Howes, que ya trabajaban en ese sentido.[2] Es cierto que sus investigaciones no se correspondían exactamente con la historia de las representaciones, pero estaban próximas a la historia de las emociones que entonces empezaba a florecer. Hablar de historia de las sensibilidades o de lo sensible, creo yo, supone aglutinar esas corrientes a la vez muy distintas y muy cercanas.

H. M.: En *El sabor del mundo. Una antropología de los sentidos*, David Le Breton escribe: «Frente al mundo, el hombre nunca es un ojo, una oreja, una mano, una boca o una nariz, sino una mirada, una escucha, un tacto, una gustación o una olfacción, es decir, una actividad». Lo cual significa, según él, que no somos ventanas abiertas al

[1] Alain Corbin, *Le miasme et la jonquille. L'odorat et l'imaginaire social, XVIIIe-XIXe siècles*, París, Flammarion, 1986. [Existe traducción en español: *El perfume o el miasma. El olfato y lo imaginario social, siglos XVIII y XIX*, trad. Carlota Vallée Lazo, Ciudad de México, FCE, 1987].

[2] Alain Corbin, «Histoire et anthropologie sensorielle», *Anthropologie et Sociétés*, vol. 14, n.º 2, 1990, pp. 13-24.

mundo, sino filtros. Y que, en consecuencia, no percibimos «lo real, sino ya un mundo de significados».[1] Como historiador, ¿se reconoce en esta aproximación a las percepciones sensoriales?

A. C.: Estoy totalmente de acuerdo, porque coincide con lo que, quizá un poco torpemente, entiendo por historia de los modos de recepción de los mensajes sensoriales, modulados, en el curso de las épocas y en el seno de cada una de ellas, según las categorías sociales, los modos de educación, los conocimientos científicos, la preocupación por la distinción... A título de ejemplo, recomiendo la lectura de la obra de Carl Havelange dedicada a la historia de la mirada.[2]

H. M.: Como historiador usted siempre ha defendido una aproximación exhaustiva, lo cual supone una gran inmersión en las fuentes (desde archivos a egodocumentos) para conseguir que una época pueda resonar en nosotros en vez de limitarnos a razonar sobre ella. Como en el caso de Lucien Febvre, a sus ojos no hay nada peor que el anacronismo psicológico, ese pecado mortal de los historiadores. ¿En qué consiste exactamente? ¿Y cómo podemos estar seguros de evitarlo?

A. C.: Está usted planteando lo esencial del modo en que siempre he concebido e intentado practicar la historia. Me indigna la manera en que actualmente nos empeñamos en escribir, aleccionar e imponer una historia de-

[1] David Le Breton, *La Saveur du monde. Une anthropologie des sens*, París, Métailié, 2006. [*El sabor del mundo. Una antropología de los sentidos*, trad. Heber Cardoso, Buenos Aires, Nueva Visión, 2007, p. 22].

[2] Carl Havelange, *De l'œil et du monde. Une histoire du regard au seuil de la modernité*, París, Fayard, 1998.

dicada a juzgar. La historia consiste en el placer de un viaje en el tiempo. Ante todo, el historiador debe cuestionar su propia manera de ver el mundo, y también sus concepciones éticas, con el fin de desprenderse de ellas y evitar—insisto—convertir la historia en un tribunal escandalizado. Evitar el anacronismo psicológico—de acuerdo con Lucien Febvre—es la regla esencial para quien pretenda ser historiador. Trasladarnos al pasado con nuestras propias armas e instrumentos no tiene ningún interés, pues aniquila el placer de la historia, que nace del cambio de escenario. Partir al descubrimiento del otro no significa convertirse en juez de instrucción de quienes habitaron el pasado. Escapar al anacronismo implica por lo tanto una reflexión constante sobre uno mismo, mucha paciencia para dejar que el sentido de cada documento emerja por sí mismo y una gran capacidad de escucha ante los seres que vivieron en el pasado a fin de comprenderlos en todos sus aspectos, en su coherencia o incoherencia, según su manera de ver el mundo y de vivir. Tampoco hay que olvidar los lentos mecanismos que conducen a lo que Jacques Le Goff llama «vestigios de la cultura».

H. M.: ¿Podríamos decir entonces, con Nicole Loraux,[1] que en cada momento de la historia son muchas las épocas que se entrelazan, se imbrican y se entrecruzan? En tal caso, ¿corresponde al historiador la inmensa tarea no sólo de distinguir los ritmos de la historia, sino también de desenredar esas madejas, esos nudos temporales que constituyen los distintos presentes? Dicho de otro

[1] Nicole Loraux, «Éloge de l'anachronisme en histoire», *Le Genre humain*, n.º 27, 1993, pp. 23-39.

modo, ¿se reduce el anacronismo a una simple confusión de tiempos?[1]

A. C.: Con su pregunta usted precisa lo que acabo de mencionar. En el curso del viaje en el tiempo que constituye la historia, el historiador se enfrenta a una red de entramados. Arrepentimientos, inercias, utopías y dislocaciones acaban formando parte del tejido de la historia y complican infinitamente la tarea del historiador. Todo ello hace muy difícil evitar el anacronismo en todos los campos, no sólo el anacronismo psicológico.

H. M.: Al leer sus libros siempre me ha sorprendido la atención extrema que presta a las palabras de cada época. Esta atención minuciosa a las expresiones de otros períodos da cuenta del modo en que el lenguaje relaciona a las mujeres y los hombres con el tiempo en el que viven, a la vez que revela la proximidad entre la labor del historiador y del traductor. ¿Cómo convertirse en esa especie de guía que es usted, capaz de conseguir que los lectores se desplacen de un mundo a otro?

A. C.: Es evidente que el estudio de la lengua que hablaban las personas objeto de investigación es un requisito indispensable para cualquier trabajo exhaustivo, algo cada vez más difícil por las superposiciones de las inercias que acabo de mencionar. A título de ejemplo, en la zona de Limosín, muchas personas continuaban hablando de la *taille* para referirse a las *contributions*, es decir, a los impuestos. El significado y la intensidad de las palabras cam-

1 Georges Didi-Huberman, *Devant le temps. Histoire de l'art et anachronisme des images*, París, Les Éditions de Minuit, 2000, pp. 11-22. [Existe traducción en español: *Ante el tiempo. Historia del arte y anacronismo de las imágenes*, trad. Antonio Oviedo, Buenos Aires, Adriana Hidalgo, 2011].

bia sin cesar. En 1953, en un autocar que me conducía a la Universidad de Caen, pude escuchar el diálogo entre dos campesinos. Uno de ellos, dirigiéndose al otro, dijo: «¿Has visto? Le han dado una patada a Beria». De hecho, el destino del desventurado dirigente soviético había sido mucho peor. El comentario del segundo campesino ya es historia. Resignado, exclamó: «¡Cosas de *partageux*!».[1] Resumiendo, recuperaba el término de 1848 para designar a los dirigentes de la Rusia soviética. Otro ejemplo. La palabra *patient* ('paciente'), tan familiar para designar al cliente de un médico, en francés no se utilizaba en este sentido en el siglo XIX, a juzgar por el diccionario Bescherelle. *Paciente* sólo designaba entonces a quien se sometía a una operación o iba a ser guillotinado.

H. M.: A sus doctorandos, y yo he sido uno de ellos, usted les recuerda a menudo una máxima de Cicerón: «No hay nada que el historiador deba negarse a ver». Y de ahí su invitación, que tanto nos marcó, a privilegiar los «objetos generadores de emociones intensas». En aquella época usted criticaba ferozmente la pudorosa actitud de los historiadores respecto al cuerpo paroxístico, ya fuera hedonista, festivo, extático, poseído, torturado o cruel...[2] ¿No cree que las cosas han cambiado en el buen sentido, aunque para usted la historiografía continúe siendo demasiado dolorista?

A. C.: De hecho, Cicerón escribió que no hay nada que el historiador deba negarse a oír, no a ver. Esto señala una

[1] Partidarios del reparto de los bienes en la Francia del siglo XIX. (*N. del T.*).

[2] Véase, en particular, Alain Corbin, *Le Village des «cannibales»*, París, Flammarion, 1995.

precaución imperiosa. En efecto, tras una larga investigación, el historiador dibuja en su cabeza un cuadro del medio social y los seres que está estudiando. A veces, se contenta demasiado rápido con sus hallazgos, y entonces le asalta la tentación de negarse a ver y oír lo que no concuerda con esos descubrimientos. Creo que este tipo de mala práctica del historiador cada vez está más extendida.

H. M.: Leyéndole, tomamos conciencia de que los seres humanos somos, ante todo, seres de umbrales. Umbrales de placer y displacer, de pudor e impudor, de lo decible y lo indecible, de lo soportable y lo insoportable, de lo tolerable y lo intolerable… Y precisamente al captar estos constantes desplazamientos de fronteras sentimos hasta qué punto la historia colectiva se aloja en lo más profundo de nosotros. Nadie como usted ha sabido hacernos cobrar conciencia de esa historicidad soterrada, esa historia subterránea, nocturna y profunda que nos aleja sin cesar de las maneras de sentir y experimentar de nuestros antepasados y, de manera más general, de sus modos de habitar el mundo. ¿De dónde procede la particular atención que otorga a esa historia lenta y silenciosa?

A. C.: Durante mucho tiempo, los historiadores se han negado a entender el placer, las prácticas sexuales de todo tipo y,[1] por el contrario, preferían hablar del malestar, el dolor y todas las formas de sufrimiento. Era como si estuviera en juego su respetabilidad. Por mi parte, luché desde muy pronto contra esta tendencia de los historiadores al dolorismo.

[1] Alain Corbin, *L'harmonie des plaisirs. Les manières de jouir du siècle des Lumières à l'avènement de la sexologie*, París, Perrin, 2007.

H. M.: ¿En qué sentido la historia de las sensibilidades es indisociable para usted de una historia del imaginario social o, más en general, de los sistemas de representación?[1]

A. C.: Conseguir que se tome conciencia de la historia subterránea, nocturna y profunda, es una tarea primordial, aunque complique nuestra comprensión del pasado. Por suerte, no soy el único que lo cree. Piense en la investigación histórica del imaginario de los bajos fondos a la que se ha consagrado Dominique Kalifa.[2]

H. M.: Al observar detenidamente la larga lista de temas de investigación de los que usted se ha ocupado me parece que también ha sido un precursor del advenimiento de la historia del medio ambiente, algo que raramente se le reconoce. Después de haber estudiado la afición a las orillas,[3] también ha escrito sobre el agua dulce y el agua salada, el clima y la sensibilidad meteorológica, la «dulzura del árbol» y el «frescor de la hierba» o, más recientemente, las maneras de experimentar el viento.[4] ¿En qué medida la historia de la cultura sensible cons-

[1] Alain Corbin, «“Le vertige des foisonnements”. Esquisse panoramique d'une histoire sans nom», *Revue d'histoire moderne et contemporaine*, vol. 39, n.° 1, enero-marzo de 1992, pp. 103-126.

[2] Dominique Kalifa, *Les Bas-fonds. Histoire d'un imaginaire*, París, Seuil, 2013. [Existe traducción en español: *Los bajos fondos. Historia de un imaginario*, trad. Álvaro Rodríguez Luévano, Ciudad de México, Instituto Mora, 2018]. Véase también Anne-Emmanuelle Demartini y Dominique Kalifa (ed.), *Imaginaire et sensibilités au XIXe siècle. Études pour Alain Corbin*, París, Créaphis, 2006.

[3] Alain Corbin, *Le territoire du vide. L'Occident et le désir du rivage, 1750-1840*, París, Aubier, 1988. [Existe traducción en español: *El territorio del vacío. Occidente y la invención de la playa (1750-1840)*, trad. Danielle Lacascade, Barcelona, Mondadori, 1993].

[4] Véase, sobre todo, Alain Corbin, *L'homme dans le paysage*, París, Textuel, 2001.

tituye para usted un necesario preámbulo para la historia del medio ambiente? ¿Se propone deliberadamente contribuir a la historia de la conciencia y la sensibilidad ecológicas?

A. C.: La verdad es que hace ya mucho tiempo que me interesa la historia de las maneras de apreciar, sentir, soñar y trabajar lo que hoy se conoce como «medio ambiente», ya se trate del viento, el árbol, la hierba o la lluvia.[1] El interés viene de lejos: cuando era estudiante, el gran especialista en el tema era Henri Dumont y todos lo leíamos. Pero cuando, más tarde, estudié la zona de Limosín,[2] constaté que quienes se preocupaban por lo que actualmente llamamos «medio ambiente» eran conservadores declarados, a menudo cazadores, reagrupados en una sociedad llamada L'arbre et l'eau ('Él árbol y el agua'). Recientemente, Louis-Michel Nourry defendió una investigación—que yo mismo dirigí—[3] en la Universidad de París I sobre esta ecología dominada por lo que hoy podría inscribirse en esa categoría.[4] En mi caso, no obstante, el descubrimiento de autores estadounidenses de sensibilidad «trascendentalista» en la línea de Emerson (Henry-

[1] Véanse las siguientes obras del autor: *La rafale et le zéphyr. Histoire des manières d'éprouver et de rêver le vent*, París, Fayard, 2021; *La douceur de l'arbre. L'arbre, source d'émotions, de l'Antiquité à nos jours*, París, Flammarion, 2013; *La fraîcheur de l'herbe. Histoire d'une gamme d'émotions de l'antiquité à nos jours*, París, Fayard, 2018; *La pluie, le soleil et le vent. Une histoire du temps qu'il fait*, París, Aubier, 2013.

[2] Alain Corbin, «Du Limousin aux cultures sensibles», en: Jean-Pierre Rioux y Jean-François Sirinelli (ed.), *Pour une histoire culturelle*, París, Seuil, 1997.

[3] En el original, HDR, «Habilitation à diriger des recherches» ('Habilitación para dirigir investigaciones'), en Francia el grado universitario más elevado después del doctorado. *(N. del T.)*.

[4] Louis-Michel Nourry, *Le paysage et la politique* (HDR), dir. Alain Corbin, Universidad de París I, 2022.

David Thoreau, John Muir y más tarde Aldo Leopold) me reveló una historia fascinante que ha inspirado mis últimos libros. Resumiendo, la historia de la ecología es compleja y yo no soy más que un humilde epígono que invita a leer las obras de Catherine y Raphaël Larrère.[1]

[1] Catherine y Raphaël Larrère, *Du bon usage de la nature. Pour une philosophie de l'environnement*, París, Flammarion, 2009.

CONTROVERSIAS SOBRE LA EMOCIÓN. LA NEUROCIENCIA AFECTIVA Y LA HISTORIA DE LAS EMOCIONES

THOMAS DODMAN, QUENTIN DELUERMOZ
Y HERVÉ MAZUREL

¿Qué es una emoción? Son pocos los historiadores que han intentado definir este objeto inasible, que desafía a los filósofos desde hace más de dos milenios. Sin embargo, en la segunda mitad del siglo XIX, al hilo del evolucionismo, empezó a imponerse una visión universal y naturalizadora, a la que contribuyó de forma decisiva el estudio de Charles Darwin sobre la expresión de las emociones en los seres humanos y los animales (1872). Mediante el escrutinio de los más mínimos rictus, gestos, movimientos de labios y ojos, alzamientos de cejas o encogimientos de hombros, Darwin vio en la expresión emocional una manifestación privilegiada para observar la continuidad entre los comportamientos de los grandes simios y los seres humanos, comprobando así que, a través de ciertos gestos expresivos, el hombre revelaba huellas de su animalidad, hasta el punto de delatar algo así como emanaciones del instinto. Si bien evitaba dar cuenta de tales emociones a través del proceso de selección natural, el texto de Darwin era ambiguo y desencadenó, en pleno siglo XX, una intensa disputa interpretativa: ¿había sugerido Darwin, en realidad, que la expresión emocional revela mecanismos biológicos universales y espontáneos, y que, en consecuencia, las expresiones del rostro no vienen determinadas por la cultura? ¿O quizá ignoraba que resulta imposible deslindar el significado de una emoción—la emoción tal como se siente, se expresa y se percibe—de los contextos sociales, culturales e históricos en los que se inscribe?

Mientras la antropología cultural, sobre todo a través de Margaret Mead, exploraba esta segunda vertiente, el libro de Darwin significó el inicio, en el campo de la biología y la neuropsicología, de una gran tradición empírica que tiende a presentar las emociones como reveladoras de respuestas espontáneas y naturales, fijadas por el organismo. Esta tradición culmina en los trabajos que llevaron a cabo Paul Ekman y otros psicólogos cognitivos en torno a la identificación de las «emociones básicas», fácil y universalmente reconocibles por la expresión facial. En 1972, Ekman estableció seis: alegría, tristeza, miedo, cólera, sorpresa y disgusto. Todas las demás las consideró una mezcla de las seis enumeradas, como Descartes en *Las pasiones del alma*. Pero posteriormente otros psicólogos y neurocientíficos empezaron a variar el número, aumentándolo o reduciéndolo, tanto que en 1990 el propio Ekman acabó revisando su teoría y finalmente estableció dieciséis...

A pesar de algunos protocolos dudosos (el reconocimiento, a partir de fotografías, de emociones consideradas universales a través del método de la «elección forzada») y de conclusiones cuando menos discutibles, la teoría de las emociones básicas se enriqueció con las aportaciones de numerosos investigadores y se impuso en la vida cotidiana. Basta pensar, por ejemplo, en el uso que hace la policía—incluso el FBI, tras los atentados del World Trade Center—de las «microexpresiones emotivas» (que no dejan de recordar la famosa *facies criminal* de los frenólogos de antaño) en las técnicas de interrogatorio y detección de mentiras. Y, asimismo, existen usos más lúdicos, relacionados con la cultura popular, como la película de Disney *Del revés*.

En cualquier caso, la teoría de las emociones básicas insiste en la primacía de la excitación psicológica (corporal) sobre el proceso cognitivo (psíquico). En resumen, y como ya sospechaba William James en su época, no lloramos porque nos sintamos tristes, sino que nos sentimos tristes porque tenemos ganas de llorar. Esta teoría se basa igualmente en la noción de «afecto» tematizada por otro psicólogo, Silvan Tomkins, como mecanismo de motivación puramente animal, originado en el sistema nervioso autónomo y, en consecuencia, preexistente a nuestras emociones (que no serían más que una manifestación psicosomática). Desde la década de 1990, esta concepción ha encontrado un poderoso apoyo en la neurociencia, disciplina hegemónica donde las haya que ha revolucionado las ciencias cognitivas—y otros sectores de la sociedad, desde el *marketing* hasta el derecho y la educación—al abrir una ventana al funcionamiento del cerebro (o por lo menos a la actividad neuronal tal como puede medirse por el índice de oxigenación en sangre). Los neurocientíficos emprendieron entonces, gracias a la cuantiosa financiación recibida, la búsqueda del miedo en la amígdala, de la memoria emocional en los marcadores somáticos del córtex prefrontal o incluso de nuestra capacidad de empatía en las neuronas espejo del córtex premotor, «recableando» así el recorrido (si no el sentido) de las emociones por los circuitos neuronales.

La noción de las emociones universales, cableadas en nuestro cerebro y gobernadas por nuestra genética, no convence en absoluto a los historiadores de lo sensible, pues descarta la posibilidad misma de una historicidad de los afectos. No obstante, historiadores de otras escuelas han acogido con gusto la neurociencia, abriendo así la puerta a una «neurohistoria» que tiene en cuenta los procesos neuroquímicos de nuestro cerebro—por ejemplo, el efecto excitante del café u otras sustancias psicotrópicas masivamente consumidas a partir de cierta época—, inaugurando por lo menos un debate necesario entre las temporalidades históricas y la larguísima duración de la biología. Por otra parte, algunos historiadores han tomado como punto de partida los textos de António Damásio, neuropsicólogo mundialmente reconocido. En *El error de Descartes* (1994), y luego en *En busca de Spinoza* (2003), el autor no sólo demuestra que el cuerpo y el espíritu son indisociables y están en constante interrelación, sino también que razón y emoción no se oponen, como ha sugerido la tradición occidental dominante. O mejor, que la emoción es incluso el motor de la razón. Un caso particularmente célebre como el Phineas Gage demuestra que, en la vida cotidiana, las emociones desempeñan un papel fundamental en la toma de decisiones: tras sobrevivir al impacto de una barra de hierro que le atravesó el cráneo, Phineas Gage sufrió una lesión en la zona del córtex prefrontal, también llamado ventromedial; aunque conservó una inteligencia normal, perdió la capacidad de experimentar emociones y a partir de entonces se mostró incapaz de tomar la menor decisión en su vida cotidiana.

Queda por resolver una cuestión importante: ¿interpretan del mismo modo los neurocientíficos y los investigadores sociales el término *emoción*? Ni mucho menos. Centrémonos en la arbitraria distinción que establece Damásio, en *La sensación de lo que ocurre* (1999), entre *emoción* y *sentimiento*: el primer término denominaría la reacción observable del cuerpo ante una situación, y el segundo, la interpretación subjetiva de la emoción y sus causas. Mientras que la emoción (mucho más antigua, según el autor, en la historia de la evolución y compartida por todo el reino animal) nos ayuda a seleccionar los comportamientos más apropiados, el sentimiento permite a los seres humanos establecer relaciones duraderas de causalidad con el fin de anticipar una situación sobre la base de la experiencia (es decir, una especie de perfeccionamiento de las competencias vitales en la historia de la evolución que conduce desde los organismos unicelulares hasta nosotros). Aparte de que la distinción emoción/sentimiento parece reintroducir indirectamente la distinción entre cuerpo y pensamiento, estas definiciones se aplican a la realidad sin la menor referencia a la historia y la geografía de esas mismas palabras: tanto en inglés como en francés, la palabra *emoción*, que no apareció hasta el siglo XVI, inicialmente sólo designaba emociones populares y colectivas. Como ha señalado Thomas Dixon, hubo que esperar al siglo XIX para que el término *emoción* se convirtiera en una noción de la psicología, emancipándose así de la teología.

Además, los lingüistas y un buen número de antropólogos han recordado a los neurocientíficos la capacidad del lenguaje para condicionar la percepción y la experiencia. Tampoco hay que olvidar que las palabras que usamos para nombrar las cosas transforman las cosas mismas. Y, por último, es importante recordar que las emociones no deberían confundirse con simples automatismos de reacción al mundo exterior. Las emociones son contagiosas, y su naturaleza es profundamente social: crean comunidad una y otra vez. Como subraya David Le Breton, más que ser espontáneas, sobre todo están ritualmente organizadas y dirigidas a los otros—a veces incluso son simuladas—. Ello sucede porque, según Marcel Mauss, constituyen «esencialmente una simbología» o, en los términos de Clifford Geertz, son «artefactos culturales». Pues, en el caso del ser humano, las emociones están llenas de sentido y se organizan a través de la cultura. Por ello es inútil que, para afirmar su naturalidad y universalidad, se intente buscar una especie de núcleo arcaico de emociones no contaminadas por la cultura o lo social. Como explica el filósofo Pierre-Henri Castel, la manera en que los neurocientíficos, a veces demasiado seguros de sí mismos, diferencian las funciones mentales y afectivas es considerablemente ingenua. Muchos actúan como si fuera muy fácil definir qué es una emoción y qué no investigando el itinerario de nuestros accidentes mentales. ¿Es tan *evidente* que aquello que muestran las imágenes de nuestro cerebro o las experiencias neuropsicológicas «corresponde» a lo que somos capaces de identificar desde la noche de los tiempos como cólera, felicidad, celos, vergüenza, etcétera? ¿No supone caer en la trampa del sentido común, con el pretexto de la «evidencia íntima» y bajo la inmediata seducción de las cartografías del cerebro? Lo cierto es que la neurociencia, al excluir la historicidad del lenguaje que expresa las emociones, mutila considerablemente la complejidad de tal objeto.

Precisamente en lo que se refiere al reduccionismo deberíamos prestar atención a los protocolos de laboratorio a los que tanto debe el desarrollo exponencial de la neurociencia y las ciencias cognitivas en el campo de las emociones. Como ha señalado Georges Didi-Huberman: «Uno de los defectos más frecuentes del método experimental es la fascinación—que podría calificarse de *fetichista*—por su propia capacidad para reproducir los fenómenos».[1] El problema es que esta reproducción no puede hacer otra cosa que simplificar la realidad para reproducirla y, a partir de ahí, *controlarla*. Dado que nuestras emociones no existen por sí mismas, sino siempre en

[1] Georges Didi-Huberman, «Histoire et sensibilité: trois généalogies», *Sensibilités. Histoire, critique et sciences sociales*, n.º 11, enero de 2023, pp. 142-149.

relación con los demás, ¿acaso no es extraño y engañoso estudiarlas en un laboratorio, aislando a los sujetos de las innumerables interacciones sociales en las que se mueven cotidianamente? Además, como señala Vinciane Despret, dadas las numerosas dificultades para hacer de las emociones un «objeto científico», el dispositivo del laboratorio inevitablemente construye las condiciones según las cuales la emoción se manifiesta como pasividad, porque es necesario que la emoción sea «reacción» (a diferencia de la razón activa) para que sea posible construir en el laboratorio, a partir de un cuerpo que reacciona y no puede mentir, un universal común lo suficientemente fiable y sólido como para situarse más allá de las culturas. Pero al proceder de esta manera para obtener respuestas predecibles y controlar mejor la imprevisibilidad y la espontaneidad de las emociones, se empobrece considerablemente tanto la plasticidad como la ambivalencia de las emociones en cuestión.

Así pues, todo parece indicar que el propósito oculto de esta ciencia experimental al producir emociones estandarizadas a través de sus protocolos es que los afectos dejen de desobedecernos y de escapar a los imperativos de la ciencia, o incluso de resistirse a la epistemología de lo verdadero y lo falso. Sin embargo, empeñarse en no ver en la emoción más que una pasividad o una reacción sin duda acaba por cegarnos, porque la emoción también es movimiento, acción, sublevación, algo que nos lleva fuera de nosotros mismos. Henri Bergson veía en ella un gesto activo que nos permite influir en el mundo. Maurice Merleau-Ponty consideraba que el acontecimiento afectivo de la emoción suponía una apertura efectiva al exterior. Ni uno ni otro veían en la emoción, como sucede a menudo, una interrupción del pensamiento, del lenguaje ni de la acción.

Pero quizá sean los antropólogos, más aún que los filósofos, quienes ofrecen una concepción de la vida afectiva más propicia al análisis histórico. Oponiéndose a la teoría de las emociones básicas, mediante el estudio etnográfico demuestran toda la variedad y especificidad de las «prácticas emocionales» (Monique Scheer) de mujeres y hombres de todo el mundo, y el resultado es asombroso: descubrimos, por ejemplo, que los esquimales uktu ignoran la cólera, que los ifaluks de la Micronesia enseñan el miedo a sus hijos, o que los tahitianos no disponen de ninguna palabra para referirse a la tristeza... Michelle Z. Rosaldo, pionera en la antropología de las emociones, no negaba el carácter fisiológico de las emociones, pero también consideraba decisiva su dimensión interpretativa, es decir, aprendida. No hay nada más esencial, según ella, que el léxico de las emociones tal como se despliega en una u otra cultura, determinante incluso para las experiencias emocionales más íntimas. De ahí procede, en su investigación etnográfica sobre el pueblo ilongote, el gran interés otorgado al *liget*, el término que en Filipinas nombra una mezcla de energía, cólera, ardor y celos. En el caso de ese pueblo procedente de las montañas, compuesto esencialmente por cazadores-agricultores nómadas, se trata de una de las emociones más positivas y valoradas. Además, en torno a ella se organiza la famosa caza de cabezas de los ilongotes, verdadero rito de paso a la edad adulta.

En el apogeo del «giro lingüístico», ciertos etnógrafos fueron aún más lejos al afirmar que cualquier emoción no sería *in fine* más que una construcción discursiva. Como concluye Catherine Lutz, la emoción no sería precultural, sino «preeminentemente cultural». Para Lila Abu-Lughod, las emociones son construcciones locales y, sobre todo, un efecto de discursos normativos y de género. En la línea de la construcción social de las emociones, los sociólogos, por su parte, han desenredado los finos hilos de las relaciones de poder en nuestras sociedades contemporáneas, sacando a la luz el «trabajo emocional» de las azafatas aéreas (Arlie Hochschild), la mercantilización de los afectos (Eva Illouz) o incluso las pasiones que alimentan movimientos políticos y formas de acción colectiva (y a su vez se ven modificadas por éstos). Para todos estos investigadores en ciencias sociales resulta evidente que nuestra vida sensible no puede reducirse a la fisiología ni a una naturaleza humana inmutable; sólo existe a través del juego de las relaciones sociales en un contexto histórico concreto.

No es extraño que el abismo que separa estas lecturas universalistas y constructivistas de nuestras vidas afectivas parezca infranqueable, aunque el historiador de las emociones William Reddy haya intentado tender puentes con *The Navigation of Feeling* (2001). Esta brecha que aún debe salvarse sigue siendo ante todo un síntoma revelador del cisma entre nuestras «dos culturas» (C. P. Snow), la científica y la humanista, que se ignoran mutuamente. Es como si resultara por completo imposible superar esas divisiones (razón/emoción, naturaleza/cultura, sociedad/individuo) que estructuran el pensamiento occidental desde la Antigüedad, y que ciertos historiadores reproducen a veces, casi siempre inconscientemente, al relegar la vida afectiva a lo innato, a lo primitivo, al más allá de la historia.

Sin embargo, también hay voces disidentes que cuestionan esta situación y rompen con estas divisiones disciplinares. Ya en la década de 1970, el crítico literario marxista Raymond Williams propuso la noción de «estructura del sentimiento» (*structure of feeling*) para intentar definir lo que significa oponer no el sentimiento y la razón, sino el sentir del pensamiento y las razones del sentimiento.[1] De la misma manera, Norbert Elias situaba los afectos en el centro de una sociología definitivamente unitaria y procesual del ser humano, en que la biología predispone al aprendizaje social. Invitándonos a abandonar la costumbre de «hablar de la naturaleza y la sociedad como si existieran en dos mundos diferentes»,[2] Elias quiso mostrar hasta qué punto naturaleza y cultura, lejos de oponerse, se entremezclan en la imbricación de los procesos *biológicos* de maduración y *socioculturales* de civilización. El hombre, por naturaleza, está dotado para regular las emociones: «Gracias a un proceso natural los seres humanos están predispuestos a adquirir un lenguaje social o a desarrollar un esquema regulador de las pulsiones».[3] Situándose en los confines de la biología, la sociología y la psicología, Elias demuestra así que la función principal de las emociones consiste en regular las relaciones sociales para facilitar el aprendizaje, sin el cual la «naturaleza humana» no puede realizarse plenamente.

Si para Elias lo biológico implica lo cultural, lo mismo ocurre en la epigenética, ciencia todavía balbuceante que estudia todos los factores—biológicos y ambientales, incluidos los culturales y psíquicos—susceptibles de modificar la expresión de los genes sin alterar la secuencia nucleotídica del ADN. Estas modificaciones serían a la vez rever-

[1] Raymond Williams, *Culture and Society, 1780-1950*, Londres, Vintage Classics, 2017. [Existe traducción en español: *Cultura y sociedad, 1780-1950. De Coleridge a Orwell*, trad. Horacio Pons, Buenos Aires, Nueva Visión, 2001].

[2] Norbert Elias, «Les êtres humains et leurs émotions: essai de sociologie processuelle», *Sensibilités. Histoire, critique et sciences sociales*, n.º 5, noviembre de 2018, pp. 12-36.

[3] *Id.*

sibles y transmisibles de una generación a otra, como parecen indicar los estudios sobre los efectos intergeneracionales de la malnutrición o el trauma. La voluntad de definir y precisar un «devenir biosocial» también puede encontrarse entre los defensores de la plasticidad cerebral, que se refiere a la capacidad del cerebro para renovarse en estrecha relación con el entorno exterior. La plasticidad de la red neuronal, fundamental para la neurobiología actual—pues se encuentra en la base de los mecanismos de la memoria y el aprendizaje—, no sólo ha permitido sustraerse a la visión estática del sistema nervioso, sino también insistir en las huellas que deja la experiencia, a su vez asociadas con ciertos estados somáticos. A través de los mecanismos de la plasticidad cerebral, las huellas se inscriben, se asocian, se modifican y se borran a lo largo de la vida del individuo, remodelándose una y otra vez en función de la experiencia vivida. Según apuntan François Ansermet y Pierre Magistretti, esto explica también que cada sujeto sea singular y cada cerebro único.

La atención al «devenir biosocial» del sujeto también está muy presente en la teoría de las emociones construidas que, desde la década de 2000, defienden psicólogos y neurocientíficos escépticos respecto a las orientaciones deterministas de sus respectivas disciplinas. A diferencia de sus pares, pero basándose en investigaciones y conocimientos experimentales, hablan de una «coconstrucción» (Lisa Feldman Barrett) de las emociones en la que lo biológico y el contexto social tienen el mismo peso. A ese universal ahistórico de las emociones básicas o las pulsiones denominado *reptiliano*, oponen un cerebro «mañoso» y predictivo (o «bayesiano», por el teorema de Bayes, formulado en el siglo XVIII por este pastor británico), en permanente interacción sensorial con el mundo exterior y el cuerpo, por medio de la «interocepción». Esta capacidad de evaluar nuestro estado interno es fundamentalmente social en la medida en que responde a operaciones cognitivas y al conocimiento de un lenguaje apropiado. Existiría una especie de «formateo» cultural de nuestra biología que se produciría justo después del nacimiento y convertiría nuestros afectos en el resultado de un esfuerzo constante por descodificar nuevas inferencias sensoriales según las experiencias adquiridas, precisamente con el fin de sincronizar ambas.

Estos trabajos, sin embargo, a menudo responden a orientaciones y consideraciones diferentes de lo que denominamos *social*. No olvidemos que la neurociencia suele ser, como ha demostrado Alain Ehrenberg en *La mécanique des passions*, la caja de resonancia de nuestros ideales de autonomía. Más allá de sus resultados, representa cierto ideal social, «el de un individuo capaz de convertir sus limitaciones en ventajas explotando su "potencial oculto"».[1] A fuerza de insistir en la plasticidad del cerebro, que alimenta el imaginario contemporáneo del desarrollo personal, el rendimiento y la autocura, se corre el riesgo de desocializar toda una serie de relaciones de fuerza establecidas.

Pero aun así existen algunos puentes. Confesemos, para empezar, que resulta difícil no admirar el poderoso eco potencial de la perspectiva psicológica constructivista de las emociones «situadas» (sobre todo la de Lisa Feldman Barrett) en la teoría del *habitus* y su disposicionalismo sociológico—la noción de *habitus*, bien conocida por los investigadores sociales, designa lo «social incorporado» o la

[1] Alain Ehrenberg, *La mécanique des passions. Cerveau, comportement, société*, París, Odile Jacob, 2018, p. 15.

«historia hecha cuerpo» (Pierre Bourdieu)—. Se trata de un utilísimo espacio de reflexión, porque aunque el objetivo de sociólogos/as e historiadores/as de las emociones sea loable (oponerse con fuerza a las posiciones naturalistas que biologizan y deshistorizan nuestra vida sensible y emocional haciendo caso omiso de los contextos en los que se expresa y los significados que adopta), demasiado a menudo tienden a separar las manifestaciones de nuestra vida emocional de las propiedades antropológicas relacionadas con nuestro soporte biológico. Sin embargo, de acuerdo con los conocimientos mencionados más arriba, hoy en día es importante no ignorar que las experiencias sociales se inscriben directamente en nuestros cerebros y las interacciones sociales tienen poderosos efectos en el organismo humano. A través de la socialización, lo social se instituye, sobre todo en forma de afectos, en el individuo biológico, de suerte que también el *habitus* debe mucho, como señala Pierre Bourdieu, a la lógica específica del funcionamiento del organismo. Bernard Lahire, por su parte, propone la noción de «cerebro predispuesto»: «La inmadurez biológica del niño, propia de la especie humana, hace necesarios tanto la interacción social como los procesos de socialización».[1]

En este sentido, es comprensible la necesidad urgente de entender mejor la imbricación de lo biológico y lo sociohistórico en el terreno de nuestra vida emocional. Si hay que luchar imperativamente contra la ingenua naturalización de las emociones y el reduccionismo de tantos psicólogos cognitivos, también es prioritario que el historiador de lo sensible pueda hacer un uso heurístico tanto de la noción

[1] Bernard Lahire, *Dans les plis singuliers du social. Individus, institutions, socialisations*, París, La Découverte, 2013, pp. 133-151.

de «cerebro predispuesto» como de la de «*habitus* emocional», abriendo así fecundos campos de investigación que vayan más allá de los marcos de estudio habituales.

Precisamente porque el cerebro emocional se ve modificado por el entorno social, también está *imbuido de historia colectiva.*

BIBLIOGRAFÍA

ABU-LUGHOD, Lila, y Catherine A. Lutz (ed.), *Language and the Politics of Emotion*, Cambridge, Cambridge University Press, 1990.

CASTEL, Pierre-Henri, *L'esprit malade. Cerveaux, folies, individus*, París, Ithaque, 2009.

DAMÁSIO, António, *L'erreur de Descartes. La raison des émotions*, trad. Marcel Blanc, París, Odile Jacob, 2006. [Existe traducción en español: *El error de Descartes. La emoción, la razón y el cerebro humano*, trad. Joandomènec Ros, Barcelona, Destino, 2011].

DELUERMOZ, Quentin, Thomas W. Dodman y Hervé Mazurel (ed.), *Sensibilités. Histoire, critique et sciences sociales*, n.º 5: «Controverses sur l'émotion. Neurosciences et sciences humaines», noviembre de 2018.

DESPRET, Vinciane, *Ces émotions qui nous fabriquent. Ethnopsychologie de l'authenticité*, París, Points, 2022.

EHRENBERG, Alain, *La mécanique des passions. Cerveau, comportement, société*, París, Odile Jacob, 2018.

ELIAS, Norbert, «Les êtres humains et leurs émotions: essai de sociologie processuelle», *Sensibilités. Histoire, critique et sciences sociales*, n.º 5: «Controverses sur l'émotion. Neurosciences et sciences humaines», noviembre de 2018, pp. 12-36.

FELDMAN BARRETT, Lisa, y James A. Russell (ed.), *The Psychological Construction of Emotion*, Nueva York, Guilford Press, 2014.

LE BRETON, David, *Les passions ordinaires. Anthropologie des émotions*, París, Armand Colin-Masson, 1998. [Existe traducción en español: *Las pasiones ordinarias. Antropología de las emociones*, trad. Horacio Pons, Buenos Aires, Nueva Visión, 1999].

PLAMPER, Jan, *The History of Emotions. An Introduction*, trad. Keith Tribe, Oxford, Oxford University Press, 2015.

REDDY, William M., *The Navigation of Feeling. A Framework for The History of Emotions*, Cambridge, Cambridge University Press, 2001.

BIBLIOGRAFÍA ESENCIAL

AMBROISE-RENDU, Anne-Claude, Anne-Emmanuelle Demartini, Hélène Eck y Nicole Edelman (ed.), *Émotions contemporaines. XIXe-XXIe siècles*, París, Armand Colin, 2014. [Un coloquio memorable].

ARIÈS, Philippe, y Georges Duby (ed.), *Histoire de la vie privée*, 5 vols., París, Seuil, 1985-1987. [Existe traducción en español: *Historia de la vida privada*, 5 vols., trad. Francisco Pérez Gutiérrez, Madrid, Taurus, 2017]. [Inigualable. Sobre las metamorfosis del sujeto, de lo íntimo y de la vida familiar desde la Antigüedad hasta nuestros días].

BOQUET, Damien, y Piroska Nagy, *Sensible Moyen Âge. Une histoire des émotions dans l'Occident médiéval*, París, Seuil, 2015. [Sobre lo que es posible saber de la vida cotidiana en la Edad Media. Imprescindible].

CORBIN, Alain, *Le miasme et la jonquille. L'odorat et l'imaginaire social, XVIIIe-XIXe siècles*, París, Flammarion, 1986. [Existe traducción en español: *El perfume o el miasma. El olfato y lo imaginario social, siglos XVIII y XIX*, trad. Carlota Vallée Lazo, Ciudad de México, FCE, 1987]. [Un estudio pionero sobre los umbrales de tolerancia olfativos y las representaciones inducidas del mundo social].

—, *Le territoire du vide. L'Occident et le désir du rivage, 1750-1840*, París, Aubier, 1988. [Existe traducción en español: *El territorio del vacío. Occidente y la invención de la playa (1750-1840)*, trad. Danielle Lacascade, Barcelona, Mondadori, 1993]. [Una escritura espléndida para contar el descubrimiento de los placeres corporales relacionados con el mar].

—, Jean-Jacques Courtine y Georges Vigarello (ed.), *Histoire des émotions*, 3 vols., trad. Aurélien Blanchard, Jean-Louis Schlegel y Véronique Zara, París, Seuil, 2017. [Una síntesis inmensa en tres volúmenes que reúne a grandes especialistas en la historia de las emociones desde la Antigüedad hasta nuestros días].

DELUERMOZ, Quentin, Emmanuel Fureix, Hervé Mazurel y M'hamed Oualdi, «Écrire l'histoire des émotions: de l'objet à la catégorie d'analyse», *rh19 (Revue d'histoire du XIXe siècle)*, n.º 47, 2013, pp. 155-189. [Sobre el estado actual del campo historiográfico].

DIDI-HUBERMAN, Georges, *Peuples en larmes, peuples en armes*, París, Les Éditions de Minuit, 2016. [Existe traducción en español: *Pueblos en lágrimas, pueblos en armas*, trad. Mariel Manrique y Hernán Marturet, Madrid, Shangrila, 2017]. [Un estudio magistral sobre la emoción contagiosa, política y protagonista de la historia].

DODMAN, Thomas, *What Nostalgia Was. War, Empire and Time of a Deadly Emotion*, Chicago, Chicago University Press, 2018. [De una época en la que se moría de nostalgia].

ELIAS, Norbert, *Über den Prozess der Zivilisation* [1939], Fráncfort del Meno, Suhrkamp, 2010. [Existe traducción en español: *El proceso de la civilización. Investigaciones sociogenéticas y psicogenéticas*, trad. Ramón García Cotarelo, Ciudad de México, FCE, 2016]. [El *opus magnum* de Elias. Un libro-faro sobre la civilización de las costumbres y la historia completa del autocontrol].

FARGE, Arlette, *La vie fragile. Violence, pouvoirs et solidarités à Paris au XVIIIe siècle*, París, Seuil, 1992. [Existe traducción en español: *La vida frágil. Violencia, poderes y solidaridades en el París del siglo XVIII*, trad. Gabriela Montes de Oca y María Jiménez Mier y Terán, Ciudad de México, Instituto Mora, 1994]. [Un libro magnífico sobre los entusiasmos y las tragedias, íntimos y colectivos, del pueblo de París].

FEBVRE, Lucien, «La sensibilité et l'histoire. Comment reconstituer la vie affective d'autrefois?», en: *Combats pour l'histoire*, París, Armand Colin, 1992. [El artículo fundacional].

GAY, Peter, *The Bourgeois Experience: Victoria to Freud. Volume I: Education of the Senses*, Nueva York, Oxford University Press, 1984. [Existe traducción en español: *La experiencia burguesa.*

De Victoria a Freud. 1. La educación de los sentidos, trad. Evangelina Niño de la Selva, Ciudad de México, FCE, 1992]. [Una especie de psicoanálisis histórico de la cultura burguesa del siglo XIX].

GRANGER, Christophe, «Le monde comme perception», *Vingtième siècle. Revue d'histoire*, n.º 123, 2014, pp. 3-20. [Un artículo panorámico y magnífico, lleno de perspectivas y pistas].

—, *La Saison des apparences. Naissance des corps d'été*, París, Anamosa, 2017. [Sobre el advenimiento de una variación estacional de las maneras de habitar el cuerpo].

KALIFA, Dominique, *Paris. Une histoire érotique d'Offenbach aux Sixties*, París, Payot, 2018. [De cómo París se convirtió en la capital del amor, la ciudad más sensual del mundo].

MANDROU, Robert, *Introduction à la France moderne, 1500-1640: Essai de psychologie historique* [1961], París, Albin Michel, 1998. [Existe traducción en español: *Introducción a la Francia moderna (1500-1640). Ensayo de psicología histórica*, trad. Leonor de Paiz, Ciudad de México, Unión Tipográfica Editorial Hispano Americana (UTEHA), 1962]. [Un hito trascendental en la historia de lo sensible].

MAZUREL, Hervé, *L'inconscient ou l'oubli de l'histoire. Profondeurs, métamorphoses et révolutions de la vie affective*, París, La Découverte, 2021. [Demuestra que es fundamental relacionar la psique con lo sociohistórico para detectar las transformaciones silenciosas de la afectividad].

MONSACRÉ, Hélène, *Les Larmes d'Achille: Héros, femme et souffrance chez Homère*, París, Le Félin, 2010. [Las lágrimas masculinas, incluidas y hasta valoradas en la epopeya homérica, se ven proscritas en la época de la tragedia clásica].

PASTOUREAU, Michel, *Bleu. Histoire d'une couleur*, París, Seuil, 2000. [Existe traducción en español: *Azul. Historia de un color*, trad. Núria Petit, Barcelona, Paidós, 2010]. [Sobre la ausencia de una verdad transcultural y transhistórica del color].

PLAMPER, Jan, *The History of Emotions. An Introduction*, trad. Keith Tribe, Oxford, Oxford University Press, 2015. [Una hermosa síntesis. En torno a la variedad, sobre todo, de las aproximaciones anglosajonas a las emociones].

REDDY, William M., *The Navigation of Feeling. A Framework for the History of Emotions*, Cambridge, Cambridge University Press, 2001. [Un estudio crítico sobre la psicología y la antropología de las emociones y la evolución de una aproximación histórica original al tema].

ROSENWEIN, Barbara H., *Emotional Communities in the Early Middle Ages*, Ithaca, Nueva York, Cornell University Press, 2006. [Sobre el interés de una aproximación en términos de «comunidades emocionales»].

SAUGET, Stéphanie, *À la recherche des pas perdus. Une histoire des gares parisiennes*, París, Tallandier, 2009. [Sobre los nuevos usos del tiempo y las nuevas maneras de ver, escuchar y sentir que se inventan en las grandes estaciones de tren del siglo XIX].

SCHMITT, Jean-Claude, *Les rythmes au Moyen Âge*, París, Gallimard, 2001. [Una investigación monumental sobre los ritmos sociales y las maneras de vivir el tiempo en el Occidente medieval].

Sensibilités. Histoire, critique et sciences sociales. [Una revista de ciencias sociales consagrada a la exploración de las instancias sensibles de la vida social].

THOMAS, Keith, *Dans le jardin de la nature. La mutation des sensibilités en Angleterre à l'époque moderne (1500-1800)*, trad. Catherine Malamoud, París, Gallimard, 1995. [Una historia de la mutación lenta y profunda de los vínculos afectivos con las plantas, los árboles y los animales domésticos].

VENAYRE, Sylvain, *La gloire de l'aventure. Genèse d'une mystique moderne, 1850-1940*, París, Aubier, 2002. [Sobre la seducción de lo lejano y la aparición del sentimiento de la aventura a comienzos del siglo XX].

VIDAL-NAQUET, Clémentine, *Couples dans la Grande Guerre. Le tragique et l'ordinaire du lien conjugal*, París, Les Belles Lettres, 2014. [El sentimiento amoroso localizado en los silencios de las correspondencias en tiempos de guerra].

VIGARELLO, Georges, *Le sentiment de soi. Histoire de la perception du corps*, París, Seuil, 2014. [Existe traducción en español: *El sentimiento de sí. Historia de la percepción del cuerpo (s. XVI-s. XX)*, trad. Luis Alfonso Palau Castaño, Bogotá, Universidad Nacional de Colombia, 2017]. [Una mirada inédita sobre la historia aún desconocida de las percepciones internas del cuerpo].

VINCENT-BUFFAULT, Anne, *Histoire des larmes: XVIII*^{e}*-XIX*^{e} *siècles*, Marsella, Rivages, 1986. [Una valiosa contribución a la historia de los signos corporales y los gestos emotivos].

WARBURG, Aby, *L'Atlas Mnemosyne*, trad. Sacha Zilberfarb, París, L'écarquillé, 2012. [Existe traducción en español: *Atlas Mnemosyne*, trad. Joaquín Chamorro Mielke, Madrid, Akal, 2010]. [Un libro mítico, aunque inacabado, sobre las fórmulas del *pathos* y sobre ese inconsciente del tiempo que es la pervivencia].

AUTORES Y AUTORAS

DAMIEN BOQUET es profesor de Historia Medieval en la Universidad de Aix-Marseille y miembro del laboratorio de investigación TELEMMe (UMR 7303 AMU-CNRS). Especialista en historia religiosa e intelectual, dirige con Piroska Nagy el programa de investigación EMMA («Les émotions au Moyen Âge»). Juntos, han escrito *Sensible Moyen Âge. Une histoire des émotions dans l'Occident médiéval* (Seuil, 2015). Recientemente ha publicado *Sainte vergogne. Les privilèges de la honte dans l'hagiographie féminine au XIIIe siècle* (Classiques Garnier, 2020) y, con Piroska Nagy y Lidia Zanetti Domingues, una *Histoire des émotions collectives. Épistémologie, émergences, expériences* (Classiques Garnier, 2022). Actualmente trabaja en una historia de la homosexualidad en la Edad Media.

ALAIN CORBIN, historiador mundialmente reconocido, es profesor emérito en la Universidad de París I Panteón-Sorbona. Eminente especialista en el siglo XIX, está considerado uno de los pioneros de la historia del cuerpo, las sensibilidades y las representaciones. Autor de más de una treintena de obras, sus libros principales son: *Le miasme et la jonquille. L'odorat et l'imaginaire social, XVIIIe-XIXe siècles* (Flammarion, 1982) [existe traducción en español: *El perfume o el miasma. El olfato y lo imaginario social, siglos XVIII y XIX*, trad. Carlota Vallée Lazo, Ciudad de México, FCE, 1987]; *Le territoire du vide. L'Occident et le désir du rivage, 1750-1840* (Aubier, 1986) [existe traducción en español: *El territorio del vacío, Occidente y la invención de la playa (1750-1840)*, trad. Danielle Lacascade, Barcelona, Mondadori, 1993]; *Le village des «cannibales»* (Flammarion, 1990); *Les cloches de la terre. Paysage sonore et culture sensible dans les campagnes au XIXe siècle* (Albin Michel, 1994); *L'harmonie des plaisirs. Les manières de jouir du siècle des Lumières à l'avènement de la sexologie* (Perrin, 2007).

QUENTIN DELUERMOZ es profesor de Historia Contemporánea en la Universidad de París. Sus investigaciones versan sobre la historia social, sensible y antropológica de los órdenes y los desórdenes del siglo XIX (Francia, Europa, Primer y Segundo Imperio francés), así como sobre la epistemología de las ciencias sociales. Es autor, entre otros, de *Commune(s), 1870-1871. Une traversée des mondes au XIX*e *siècle* (Seuil, 2020); *Pour une histoire des possibles. Approches contrefactuelles et futurs non advenus* (con P. Singaravélou; Seuil, 2016) [existe traducción en español: *Hacia una historia de los posibles. Análisis contrafactuales y futuros no acontecidos*, trad. Ana Inés Couchonnal, Buenos Aires, SB, 2018]; *Policiers dans la ville. La construction d'un ordre public à Paris (1854-1914)* (Éditions de la Sorbonne, 2012). Ha coordinado el volumen *Norbert Elias* (Tempus, 2012). Es igualmente cofundador y miembro del comité de redacción de la revista *Sensibilités. Histoire, critique et sciences sociales*.

THOMAS DODMAN es profesor en la Universidad de Columbia de Nueva York, donde dirige el programa «Historia y literatura». Historiador especialista en el siglo XIX, investiga, entre otras cuestiones, la historia de las sensibilidades, de las experiencias bélicas y del imperialismo. Es autor de *What Nostalgia Was. War, Empire and the Time of a Deadly Emotion* (Chicago University Press, 2018), ha coordinado *Une histoire de la guerre, XIX*e*-XXI*e *siècles* (Seuil, 2018) y colabora en la revista *Sensibilités. Histoire, critique et sciences sociales*.

HERVÉ MAZUREL es profesor en la Universidad de Borgoña. Especialista en la Europa romántica, historiador de los afectos y los imaginarios, ha publicado, entre otros libros, *Vertiges de la guerre. Byron, les philhellènes et le mirage grec* (Les Belles Lettres, 2013), *Kaspar l'obscur ou l'enfant de la nuit* (La Découverte, 2020) y *L'inconscient ou l'oubli de l'histoire. Profondeurs, métamorphoses et révolutions de la vie affective* (La Découverte, 2021). Implicado en diversos proyectos colectivos, codirige la revista *Sensibilités. Histoire, critique et sciences sociales* y «Le laboratoire du temps qui passe», colectivo dedicado a redinamizar el diálogo entre las ciencias sociales y las disciplinas de la psique.

SARAH REY es profesora de Historia Romana en la Universidad de Valenciennes. Tras haber hecho un doctorado sobre cuestiones historiográficas, se interesó por los cultos romanos y la historia de las sensibilidades. En su libro *Les larmes de Rome. Le pouvoir de pleurer dans l'Antiquité* (Anamosa, 2017) se dedicó a restituir el significado social del llanto en la antigua Roma a sus diversos contextos (guerras, juicios, ritos religiosos, duelos) hasta llegar a la Antigüedad tardía, cuando el cristianismo modificó los modos de aflicción.

ANOUCHKA VASAK, profesora de Literatura Francesa, codirige la colección «MétéoS» en Éditions Hermann y el seminario «Perception du climat» en la École Normale Supérieure. Sus trabajos tratan sobre la meteorología y el clima, en particular sobre las nubes y los meteoros, mezclando literatura, historia de la ciencia e historia del arte. Es autora de *Météorologies. Discours sur le ciel et le climat, des Lumières au romantisme* (Champion, 2007) y, con Emmanuel Le Roy Ladurie, de dos libros de historia del clima. Ha participado en obras coordinadas por Alain Corbin como *La pluie, le soleil et le vent. Une histoire de la sensibilité au temps qu'il fait* (Aubier, 2013). Su último libro publicado es *1797. Pour une histoire météore* (Anamosa, 2022).

CLÉMENTINE VIDAL-NAQUET es profesora en la Universidad de Picardie Jules-Verne y miembro júnior del Institut Universitaire de France. Sus trabajos abordan la Primera Guerra Mundial, la historia de la intimidad y la de las sensibilidades. Es autora, entre otros libros, de *Couples dans la Grande Guerre. Le tragique et l'ordinaire du lien conjugal* (Les Belles Lettres, 2014) y *Correspondances conjugales 1914-1918. Dans l'intimité de la Grande Guerre* (Robert Laffont, 2014). Codirige la revista *Sensibilités. Histoire, critique et sciences sociale*s.

ESTA EDICIÓN, PRIMERA, DE
«HISTORIA DE LAS SENSIBILIDADES», DE
ALAIN CORBIN Y HERVÉ MAZUREL, SE
TERMINÓ DE IMPRIMIR EN SANT
LLORENÇ D'HORTONS EN EL
MES DE MARZO
DEL AÑO
2026

Colección El Acantilado
Últimos títulos

499. VÍCTOR GÓMEZ PIN *El ser que cuenta. La disputa sobre la singularidad humana*
500. CHRISTOPH WOLFF *El universo musical de Bach. El compositor y su obra* (2 ediciones)
501. FRANK DIKÖTTER *La Revolución Cultural. Una historia popular (1962-1976)*
502. TEJU COLE *Papel negro. Escribir en tiempos de oscuridad*
503. ANTOINE COMPAGNON *Con la vida por detrás. Fines de la literatura* (2 ediciones)
504. YANNIS RITSOS *Perséfone* (2 ediciones)
505. ADAN KOVACSICS *Acaece, sin embargo, lo verdadero*
506. GEMINELLO ALVI *Excéntricos*
507. DOMINIC LIEVEN *Rusia contra Napoleón. La batalla por Europa (1807-1814)* (2 ediciones)
508. IAN BOSTRIDGE *Pensar y cantar. Reflexiones de un cantante sobre música e interpretación*
509. MARCUS DU SAUTOY *La vuelta al mundo en ochenta juegos. Un matemático desvela los secretos de los mejores juegos*
510. RICHARD ZENITH *Pessoa. Una biografía*
511. PIERRE BONCENNE *El paraguas de Simon Leys*
512. H. LEYVIK *En las kátorgas del zar*
513. ERICH AUERBACH *La cicatriz de Ulises. Horizontes de la literatura universal*
514. LUCIO PICCOLO *Cantos barrocos y otros poemas*
515. JUAN MALPARTIDA *El mundo como ensayo*
516. SILVIA BARDELÁS *Una conciencia nueva. La urgente pregunta de quiénes somos*
517. RICHARD STOKES *Las canciones completas de Hugo Wolf. Vida, cartas, «Lieder»*
518. ANTONIO MONEGAL *La sombra del padre*
519. ADAM ZAGAJEWSKI *Poesía para principiantes*